わかりやすい紛争解決シリーズ⑥

わかりやすい不動産登記関係紛争解決の手引

園部 厚 著

発行 民事法研究会

は し が き

　不動産の売買を経験した方は多いと思われる。不動産の売買をすれば、その不動産の所有権の移転を第三者に対抗するために登記が必要となるので、必然的に不動産登記が必要となるが、その登記がきちんとなされない場合もある。

　不動産の登記手続をその義務者等が行わないとき、その不動産登記手続をする債務は、金銭の支払いを求める債務等の「与える債務」と違い、いわゆる「為す債務」にあたり、その性質上他人が代わって履行することのできない不代替的作為債務となる。本来その債務が任意になされない場合の強制執行の方法は間接強制になるはずであるが、不動産登記手続における債権者としては、その意思表示がなされた場合の法律効果が発生すれば十分なので、意思表示を命ずる判決等の債務名義があれば、それによって、裁判が確定したときまたは和解等が成立したときに当該意思表示があったものとみなしている（意思表示の擬制（民法414条2項ただし書、民事執行法174条1項本文））。このように、「為す債務」である不動産登記手続を求める債務は、金銭の支払いを求める債務等と違い、特殊なものであり、本来登記権利者と登記義務者の登記所に対する共同申請を原則とする（不動産登記法60条）が、それが任意に履行されないときには、その履行を求める訴訟等を起こし、その認容判決等を得ると、それにより登記義務者等の登記所に対する登記申請の意思表示が擬制され、登記官は、その判決等が提供されれば、登記をすることになるのである。

　このような不動産登記手続を登記義務者等に求める場合、その請求の表示をどのように表示するかが問題となり、その請求の表示も事例ごとに異なってくるので、その請求の表示を、事例ごとに正確に認識することは難しいのではないかと思われる。

　本書は、そのような不動産登記に関する紛争解決の手引として、事例ごと

はしがき

に、その請求等を整理して、できるだけわかりやすく説明し、それらの事件の紛争解決手続について説明をしている。

　本書が、不動産登記関係事件の実務に携わる者にとって、役に立つものとなれば幸いである。

　　　平成25年6月

　　　　　　　　　　　　　　　　　　　　　　　園　部　　　厚

― 目 次 ―

序　章 …………………………………………………………………1

第1章　不動産登記手続 …………………………………3

第1節　不動産登記制度 …………………………………………3
第1　不動産に関する物権の取得および変更における公示の原則 …………………………………………………………3
第2　登記簿・登記記録 …………………………………………3
　1　登記記録と登記簿 …………………………………………3
　2　登記記録の編成 ……………………………………………4
　　(1)　登記記録の編成 ………………………………………4
　　(2)　表題部 …………………………………………………4
　　(3)　権利部 …………………………………………………4
第3　登記の種類 …………………………………………………4
　1　主登記と付記登記 …………………………………………4
　2　変更登記、更正登記 ………………………………………5
　3　抹消登記 ……………………………………………………5
第4　登記の順位 …………………………………………………5
第5　登記名義人 …………………………………………………5
　1　権利能力のない社団 ………………………………………5
　2　外国人・外国法人 …………………………………………6
　3　代理人 ………………………………………………………6

第2節　表示に関する登記 ………………………………………7
第1　表示の登記の意義 …………………………………………7

目次

  1 表示に関する登記の記録される場所 …………………………7
  2 表題登記 ……………………………………………………………7
  3 表題部所有者 ………………………………………………………7
   (1) 表題部所有者の意義 …………………………………………7
   (2) 表題部所有者の氏名等の変更・更正登記 …………………7
   (3) 表題部所有者の変更登記 ……………………………………7
   (4) 表題部所有者の更正登記 ……………………………………8
 第2 表示の登記の方法 ……………………………………………………8
  1 職権による表示の登記の原則 …………………………………8
  2 私人による表示の登記の申請 …………………………………8
   (1) 私人による表示の登記ができる場合 ………………………8
    ア 土地の分筆または合筆の登記 …………………………8
    イ 建物の分割の登記、建物の区分の登記および建物の合併の登記 ……9
   (2) 私人による登記が義務づけられる場合 ……………………9
    ア 土地の表題登記の申請 …………………………………9
    イ 土地の地目または地積の変更の登記の申請 …………9
    ウ 建物の表題登記の申請 …………………………………9
    エ 建物の滅失登記の申請 …………………………………9
    オ 表示の登記申請懈怠に対する過料の行政罰 …………10
 第3 建物の表示の登記 ……………………………………………………10
  1 建物の概念 ………………………………………………………10
   (1) 屋根、周壁等 …………………………………………………10
   (2) 土地への定着性 ………………………………………………11
  2 区分建物の敷地権 ………………………………………………11
第3節 権利に関する登記 …………………………………………………12
 第1 登記請求権 ……………………………………………………………12
  1 登記共同申請の原則 ……………………………………………12

2　登記請求権の内容……………………………………………………13
　　3　中間省略登記請求権…………………………………………………13
　　　(1)　中間省略登記請求権……………………………………………13
　　　(2)　中間省略の真正な登記名義回復を原因とする所有権移転登記手
　　　　　続請求………………………………………………………………14
第2　判決等による登記……………………………………………………14
　　1　権利に関する登記の執行方法………………………………………14
　　　(1)　不動産登記共同申請の例外……………………………………14
　　　(2)　意思表示の擬制…………………………………………………14
　　　(3)　擬制の内容………………………………………………………15
　　2　通常の債務名義に基づく登記手続…………………………………16
　　3　意思表示が債権者の証明すべき事実の到来に係る場合、意思
　　　　表示が反対給付と引換えの場合および意思表示が債務者の証明
　　　　すべき事実のないときに係る場合の登記手続……………………16
　　4　意思表示擬制の対象となる債務名義………………………………16
　　　(1)　給付を命ずる債務名義…………………………………………16
　　　(2)　債務名義の種類…………………………………………………17
　　　　ア　該当するもの…………………………………………………17
　　　　イ　該当しないもの………………………………………………18
第3　仮登記…………………………………………………………………20
　　1　仮登記の意義…………………………………………………………20
　　2　仮登記の種類…………………………………………………………20
　　3　仮登記の効力…………………………………………………………20
　　　(1)　仮登記の順位保全の効力………………………………………20
　　　(2)　仮登記の対抗力…………………………………………………20
　　4　仮登記を命ずる処分…………………………………………………21
　　5　仮登記に基づく本登記………………………………………………21

(1)　仮登記に基づく所有権の本登記 ……………………………………21
　(2)　仮登記に基づく所有権以外の権利の本登記 ……………………22
　6　仮登記の抹消 ……………………………………………………………22
第4　所有権保存登記 …………………………………………………………23
　1　所有権保存登記の申請 …………………………………………………23
　(1)　所有権保存登記の単独申請 ………………………………………23
　(2)　所有権保存登記申請ができる者 …………………………………23
　(3)　所有権保存登記がされたときの表題部所有者の抹消 …………23
　2　所有権保存登記の抹消登記申請 ………………………………………24
第5　権利の更正登記 …………………………………………………………24
　1　更正登記の意義 …………………………………………………………24
　2　共有不動産と実体関係の異なる登記 …………………………………24
　3　権利の更正登記と第三者 ………………………………………………25
第6　権利に関する登記の抹消 ………………………………………………26
　1　権利に関する登記の抹消における利害関係を有する第三者の承諾 ………………………………………………………………………26
　2　登記義務者の所在が知れない場合の登記の抹消 ……………………26
第7　担保権に関する登記 ……………………………………………………27
　1　保証人の弁済による代位の付記登記と第三取得者 …………………27
第8　地上権に関する登記 ……………………………………………………27
　1　後順位地上権の設定登記 ………………………………………………27

第2章　不動産登記関係紛争解決のための手続 ……………28

第1節　相談窓口 ……………………………………………………………28
第1　はじめに ……………………………………………………………28

第2　宅地建物取引業保証協会の相談窓口……………………………28
　　　　［資料1］　公益社団法人全国宅地建物取引業保証協会での苦情解決
　　　　　　　　　手続の流れ／29
　　　　［資料2］　公益法人全国宅地建物取引業保証協会の苦情解決業務窓
　　　　　　　　　口一覧／30
　　第3　法務局の登記電話相談室 ………………………………………34
　　　　［資料3］　東京法務局「登記電話相談室」について／35
　第2節　民事保全手続……………………………………………………38
　　第1　はじめに …………………………………………………………38
　　第2　所有権に基づく処分禁止の仮処分………………………………38
　　　1　所有権に基づく処分禁止の仮処分の意義………………………38
　　　　【書式1】　不動産処分禁止仮処分申立書（一般型）
　　　　　　　　　（所有権移転登記請求権）／39
　　　　【書式2】　不動産処分禁止仮処分決定・一般型／42
　　　2　処分禁止の登記に後れる登記の抹消……………………………42
　　第3　所有権以外の権利に基づく処分禁止の仮処分 …………………43
　　　1　所有権以外の権利に基づく処分禁止の仮処分の意義……………43
　　　　【書式3】　不動産処分禁止仮処分申立書（保全仮登記併用）
　　　　　　　　　（根抵当権設定登記請求権）／44
　　　　【書式4】　不動産処分禁止仮処分決定・保全仮登記併用型／47
　　　2　保全仮登記に基づく本登記………………………………………47
　第3節　民事調停手続……………………………………………………48
　　第1　民事調停の申立て………………………………………………48
　　　　【書式5】　調停申立書／48
　　第2　民事調停の管轄（申立裁判所）…………………………………51
　　第3　調停調書の効力 …………………………………………………51
　　第4　調停不成立の場合の訴訟の提起 …………………………………51

目 次

第4節　不動産登記関係訴訟手続 ……………………………52
Ⅰ　訴訟手続一般 ……………………………………………52
第1　訴訟手続の種類 ……………………………………52
1　訴訟手続 …………………………………………52
2　通常訴訟手続 ……………………………………52
第2　訴訟事件の管轄～訴訟事件の申立裁判所 ………53
1　事物管轄～訴えを提起する第一審裁判所 ……53
(1) 通常訴訟の事物管轄～通常訴訟の第一審裁判所 ……53
(2) 訴訟物の価額〔訴額〕の算定 ………………53
　　ア　訴訟物の価額〔訴額〕の算定 …………53
　　イ　所有権移転登記請求の場合 ……………53
　　ウ　所有権移転登記抹消登記手続請求の場合 ……54
　　エ　仮登記に基づく本登記手続請求の場合 ……54
　　オ　所有権移転仮登記の抹消登記手続請求の場合 ……54
　　カ　担保物権の設定・移転登記手続請求の場合 ……54
　　キ　担保物権設定登記の抹消登記手続請求の場合 ……55
　　ク　地上権または賃借権設定登記の抹消登記手続の場合 ……55
　　ケ　登記引取請求の場合 ……………………55
　　コ　数個の請求を併合する場合の訴訟物の価額〔訴額〕 ……55
2　土地管轄～訴えを提起する裁判所の場所 ……56
(1) 被告の普通裁判籍（住所等）所在地を管轄する裁判所への訴え提起 ……………………………………………56
(2) 不動産の所在地を管轄する裁判所 …………57
(3) 義務履行地管轄裁判所 ………………………57
(4) 関連裁判籍 ……………………………………57
3　管轄の合意 ………………………………………57
(1) 合意管轄の意義 ………………………………57

8

		(2) 管轄合意の要件 ……………………………………………………57
		(3) 管轄合意の態様 ……………………………………………………58
		ア 管轄合意の態様 …………………………………………………58
		イ 専属的管轄合意と応訴管轄 …………………………………58
		ウ 管轄合意の効力 …………………………………………………58
		エ 管轄合意についての意思表示の瑕疵 ………………………59
	4	応訴管轄……………………………………………………………………59
		(1) 応訴管轄 ………………………………………………………………59
		(2) 法定管轄原因が認められない訴状の取扱い …………………59
		(3) 本案の弁論 ……………………………………………………………60
		ア 本案の弁論の意義 ………………………………………………60
		イ 答弁書等の擬制陳述と本案の弁論 …………………………60
	5	遅滞を避ける等のための移送（民訴17条）…………………………60
	6	不動産に関する訴訟の必要的移送（民訴19条2項）………………60
第3		当事者等 …………………………………………………………………61
	1	実質的な権限を有しない法令による訴訟代理人（支配人）………61
	2	簡易裁判所における訴訟代理人（認定司法書士、許可代理人）……62
		(1) 認定司法書士 …………………………………………………………62
		(2) 許可代理人 ……………………………………………………………62
		(3) 主債務者が保証人の許可代理人となること …………………62
第4		訴えの提起 ………………………………………………………………63
	1	訴え提起の方式……………………………………………………………63
	【書式6】 登記手続請求事件の訴状	
		① 売買契約に基づく所有権移転登記手続請求事件の訴状／64
		② 所有権移転登記抹消登記手続請求事件の訴状／66
	2	訴訟における主張立証の構造等………………………………………67
	3	証拠の収集…………………………………………………………………68

目　次

　　(1)　書証等の提出 …………………………………………………………68
　　(2)　不動産登記手続関係訴訟の主な証拠 ………………………………69
　　　ア　不動産登記事項証明書 ……………………………………………69
　　　イ　契約書等 ……………………………………………………………69
　　　ウ　領収書等 ……………………………………………………………69

Ⅱ　売買契約に基づく所有権移転登記手続請求訴訟 …………70

第1　売買契約に基づく所有権移転登記手続請求における訴訟物および請求の趣旨・原因 ……………………………70

　1　売買契約に基づく所有権移転登記手続請求における訴訟物………70
　2　売買契約に基づく所有権移転登記手続請求における請求の趣旨・請求認容判決における主文………………………………………70
　　〈記載例1〉　売買契約に基づく所有権移転登記手続請求における請求の趣旨・請求認容判決における主文記載例／70
　3　売買契約に基づく所有権移転登記手続請求における請求原因……71
　　(1)　売買契約に基づく債権的登記請求権としての所有権移転登記手続請求の請求原因 …………………………………………………71
　　　ア　原告と被告が売買契約を締結したこと ……………………………71
　　〈記載例2〉　売買契約に基づく債権的登記請求権としての所有権移転登記手続請求の請求原因記載例／71
　　(2)　売買契約に基づく物権的登記請求権としての所有権移転登記手続請求の請求原因 …………………………………………………72
　　　ア　原告の目的不動産所有 ……………………………………………72
　　　イ　被告の目的不動産についての所有権移転登記の存在 ……………72
　　(3)　売買契約に基づく物権変動的登記請求権としての所有権移転登記手続請求の請求原因 …………………………………………72
　4　売買契約に基づく所有権移転登記手続請求における訴訟物の選択………………………………………………………………………72

10

第2　売買契約に基づく所有権移転登記手続請求における抗弁以下の攻撃防御方法 …………73

1. 債権的登記請求権・物権的登記請求権・物権変動的登記請求権における抗弁の違い……………………………………73
2. 債権的登記請求権についての抗弁以下の攻撃防御方法………73
   (1) 債権的登記請求権の消滅時効の抗弁 ………………………73
3. 物権的登記請求権についての抗弁以下の攻撃防御方法………74
   (1) 所有権喪失の抗弁 ……………………………………………74
4. 請求原因に売買契約が現れる場合の抗弁以下の攻撃防御方法……74
   (1) 同時履行の抗弁権 ……………………………………………74
     ア　不動産売買における同時履行の抗弁権 ………………74
     イ　同時履行の抗弁権の要件事実 ……………………………74
   (2) 債務不履行解除の抗弁 ………………………………………74
   (3) その他の抗弁 …………………………………………………74

第3　特殊な売買における登記請求 ……………………………75

1. 未登記建物〔表題登記のない建物〕の売買における所有権保存・移転登記手続請求………………………………………75
2. 所有権保存登記のない建物〔表題登記のみがある建物〕の売買における所有権保存・移転登記手続請求………………………75
   〈記載例3〉　所有権保存登記のない建物〔表題登記のみがある建物〕の売買における所有権保存・移転登記のための訴訟の請求の趣旨・認容判決主文記載例／76
3. 相続登記未了不動産の売買における所有権移転登記手続請求……76
   〈記載例4〉　相続登記未了不動産の売買における所有権移転登記手続請求の請求の趣旨・認容判決主文記載例／77
4. 売主が死亡した場合の所有権移転登記手続請求………………77
   〈記載例5〉　売主の相続人に対する所有権移転登記手続請求の請求

11

目 次

　　　　　　の趣旨・認容判決主文記載例／77
　　　　〈記載例6〉　売主の相続人に対する相続登記がされている場合の所有
　　　　　　権移転登記手続請求の請求の趣旨・認容判決主文記載例／78
　　5　買主が死亡した場合の所有権移転登記手続請求……………………78
　　　　〈記載例7〉　買主が死亡した場合の所有権移転登記手続請求の請求
　　　　　　の趣旨・認容判決主文記載例／79
　　6　不動産の一部の売買における所有権移転登記手続請求…………79
　　　　〈記載例8〉　不動産の一部の売買における所有権移転登記手続請求
　　　　　　の請求の趣旨・認容判決主文記載例／79
　　7　順次売買における所有権移転登記手続請求………………………80
　　　　〈記載例9〉　所有権がY_1→Y_2→Xと順次移転した場合の原告Xの
　　　　　　Y_1およびY_2に対する所有権移転登記手続請求の請求の
　　　　　　趣旨・認容判決主文記載例／80
　第4　請求事項と判決事項………………………………………………80
　　1　不動産全部の所有権移転登記手続を求める訴訟における一部
　　　　について所有権移転登記手続を認める判決………………………80
Ⅲ　所有権に基づく妨害排除請求としての所有権移転
　　登記等抹消登記手続請求訴訟…………………………………………81
　第1　所有権に基づく妨害排除請求としての所有権移転登記
　　　　抹消登記手続請求の請求の趣旨・請求認容判決主文………81
　　　　〈記載例10〉　所有権に基づく妨害排除請求としての所有権移転登記
　　　　　　抹消登記手続請求の請求の趣旨・請求認容判決主文記
　　　　　　載例／81
　第2　所有権に基づく妨害排除請求としての所有権移転登
　　　　記抹消登記手続請求の請求原因……………………………82
　　1　所有権に基づく妨害排除請求としての所有権移転登記抹消登
　　　　記手続請求の請求原因…………………………………………82

2　原告の目的不動産所有……………………………………………82
　　(1)　所有権取得原因の主張立証………………………………………82
　　(2)　権利自白…………………………………………………………82
　〈記載例11〉　所有権に基づく妨害排除請求としての所有権移転登記
　　　　　　抹消登記手続請求の請求原因記載例／83
第3　所有権に基づく妨害排除請求としての所有権移転登
　　　記抹消登記手続請求権の抗弁等………………………………83
　1　所有権喪失の抗弁等………………………………………………83
　　(1)　所有権喪失の抗弁…………………………………………………83
　　　ア　売買契約による所有権喪失の抗弁……………………………84
　　　イ　取得時効による所有権喪失の抗弁……………………………84
　　(2)　所有権喪失の抗弁に対する再抗弁等……………………………85
　　　ア　売買契約による所有権喪失の抗弁に対する再抗弁…………85
　　　イ　時効取得による所有権喪失の抗弁に対する再抗弁…………85
第4　物権に基づく妨害排除請求としての抹消登記手続
　　　請求…………………………………………………………………86
　1　共有者の妨害排除請求としての移転登記抹消登記手続請求………86
　　(1)　共有者の所有権移転登記全部の抹消請求………………………86
　　(2)　共有持分権に基づく実体上の権利を有しない者の持分移転登記
　　　　抹消登記手続請求…………………………………………………86
　2　所有権保存登記の抹消登記手続請求………………………………86
　〈記載例12〉　真実の所有者からの所有権保存登記抹消登記手続請求
　　　　　　の請求の趣旨・認容判決主文記載例／87
　3　表示の登記の滅失登記手続請求……………………………………87
　〈記載例13〉　表示の登記の滅失登記手続請求の請求の趣旨・認容判
　　　　　　決主文／87
第5　請求事項と判決事項………………………………………………88

目 次

　　1　全部抹消の請求に対し共有持分に応じた更正登記手続を命ずる判決……………………………………………………………………88
Ⅳ　真正な登記名義の回復を原因とする抹消に代わる所有権移転登記手続請求訴訟………………………………89
第1　真正な登記名義の回復を原因とする抹消に代わる所有権移転登記手続請求権 ………………………………89
第2　真正な登記名義の回復を原因とする抹消に代わる所有権移転登記手続請求における訴訟物 ……………89
第3　真正な登記名義の回復を原因とする抹消に代わる所有権移転登記手続請求における請求の趣旨・請求認容判決主文……………………………………………90

　　〈記載例14〉　真正な登記名義の回復を原因とする抹消に代わる所有権移転登記手続請求における請求の趣旨・請求認容判決主文記載例／90

第4　真正な登記名義の回復を原因とする抹消に代わる所有権移転登記手続請求の請求原因および抗弁以下の攻撃防御方法 ………………………………90
　　1　真正な登記名義の回復を原因とする抹消に代わる所有権移転登記手続請求の請求原因および抗弁以下の攻撃防御の構造…………90
　　2　真正な登記名義の回復を原因とする抹消に代わる所有権移転登記手続請求の請求原因………………………………………………91
　　3　真正な登記名義の回復を原因とする抹消に代わる所有権移転登記手続請求の抗弁以下の攻撃防御方法……………………………91
　　　(1)　対抗要件の抗弁 ………………………………………………91
　　　(2)　所有権喪失の抗弁 ……………………………………………91

Ⅴ　時効取得を原因とする所有権移転登記手続請求訴訟 …93
第1　時効取得を原因とする所有権移転登記手続請求に

　　　　おける訴訟物 ……………………………………………93
第2　時効取得を原因とする所有権移転登記手続請求に
　　　おける請求の趣旨・請求認容判決主文 ……………93
　　〈記載例15〉　取得時効を原因とする所有権移転登記手続請求におけ
　　　　　る請求の趣旨・請求認容判決の主文記載例／94
第3　時効取得による所有権に基づく妨害排除請求とし
　　　ての所有権移転登記手続請求における請求原因 …………94
　1　請求原因……………………………………………………94
　2　原告が目的不動産を所有していること………………………94
　　(1)　長期取得時効（民162条1項）の要件事実……………94
　　(2)　長期取得時効（民162条1項）の要件事実の検討 ………95
　　〈記載例16〉　長期取得時効による所有権に基づく妨害排除請求と
　　　　　しての所有権移転登記手続請求における請求原因記載例／96
　　(3)　短期取得時効（民162条2項）の要件事実………………96
　　(4)　短期取得時効（民162条2項）の要件事実の検討 ………97
第4　時効取得による所有権に基づく妨害排除請求
　　　としての所有権移転登記手続請求における抗弁等………98
　1　原告に所有の意思がないことの抗弁……………………………98
　　(1)　原告に所有の意思がないことの抗弁の要件事実 ……………98
　　(2)　他主占有事情 …………………………………………98
　2　強暴（暴行または強迫）または隠秘（隠匿）の抗弁……………99
　3　占有喪失の抗弁……………………………………………99
　4　対抗要件具備による所有権喪失の抗弁等……………………99
　　(1)　時効取得者と時効完成後の第三者 ……………………99
　　(2)　対抗要件具備による所有権喪失の抗弁の要件事実 ……………99
　　(3)　背信的悪意者の再抗弁 …………………………………100
　　　　ア　背信的悪意者の再抗弁の要件事実 ……………………100

15

目 次

   イ 悪意の内容……………………………………………………100
  5 短期取得時効の主張に対する抗弁 ………………………………100
   (1) 悪意の抗弁……………………………………………………100
    ア 悪意の抗弁の要件事実 ……………………………………100
    イ 民法186条1項の善意の意味 ………………………………100
   (2) 無過失の評価障害事実の抗弁 ……………………………101

Ⅵ 所有権に基づく妨害排除請求としての抵当権設定
 登記抹消登記手続請求訴訟 ……………………………………102

第1 所有権に基づく妨害排除請求としての
  抵当権設定登記抹消登記手続請求の請求の
  趣旨・請求認容判決主文 …………………………………………102
  〈記載例17〉 所有権に基づく妨害排除請求としての抵当権設定登記抹
     消登記手続請求の請求の趣旨・請求認容判決主文記載例／102

第2 所有権に基づく妨害排除請求としての抵当権設定
  登記抹消登記手続請求の請求原因 ……………………………102
  〈記載例18〉 所有権に基づく妨害排除請求としての抵当権設定登
     記抹消登記手続請求の請求原因記載例／103

第3 所有権に基づく妨害排除請求としての
  抵当権設定登記抹消登記手続請求の抗弁等………………103
  1 登記保持権原の抗弁等 ……………………………………………103
   (1) 登記保持権原の抗弁 ………………………………………103
    ア 原告・被告間の被担保債権の発生原因事実 ……………103
    イ 原告・被告間でアの債権を担保するため目的不動産につき抵
     当権設定契約を締結したこと ……………………………103
    ウ イのときイの目的不動産が原告（設定者）の所有に属したこと……103
    エ 請求原因記載の登記がイに基づくこと …………………104
   (2) 登記の推定力について ………………………………………104

(3) 登記保持権原の抗弁に対する再抗弁 ……………………104
　　　ア　抵当権消滅の再抗弁 …………………………………104
　　　イ　被担保債権の弁済・消滅時効等の再抗弁……………104
　第4　抵当権が譲渡された場合の被告 ………………………104
Ⅶ　所有権に基づく妨害排除請求としての所有権移転登記
　　および抵当権設定登記の抹消登記手続等の請求訴訟……106
　第1　所有権に基づく妨害排除請求としての所有権移転
　　　登記および抵当権設定登記の抹消登記手続請求
　　　の方法 ………………………………………………………106
　第2　所有権に基づく妨害排除請求としての
　　　所有権移転登記抹消登記手続およびその承諾 …………107
　　1　所有権に基づく妨害排除請求としての所有権移転登記抹消登記
　　　手続およびその承諾請求の請求の趣旨・請求認容判決の主文 ……107
　　　〈記載例19〉　所有権に基づく妨害排除請求としての所有権移転登記抹
　　　　　　　消登記手続およびその承諾請求の請求の趣旨・請求認容判
　　　　　　　決の主文記載例／108
　　2　所有権に基づく妨害排除請求としての所有権移転登記抹消
　　　登記手続およびその承諾の請求原因 ……………………………108
　　　〈記載例20〉　所有権に基づく妨害排除請求としての所有権移転登
　　　　　　　記抹消登記手続およびその承諾の請求原因記載例／108
　　3　所有権に基づく妨害排除請求としての所有権移転登記抹消
　　　登記手続およびその承諾の抗弁等 ………………………………109
　　　(1)　抗弁以下の攻撃防御の構造の所有権に基づく不動産明渡請求訴
　　　　　訟との同一性 ………………………………………………109
　　　(2)　所有権喪失の抗弁等 ………………………………………109
　　　　ア　所有権喪失の抗弁 ………………………………………109
　　　　イ　所有権喪失の抗弁に対する虚偽表示の再抗弁 …………109

17

ウ　アの所有権喪失の抗弁およびイの虚偽表示の再抗弁を前提と
　　　　する登記保持権原の予備的抗弁 …………………………………110
Ⅷ　中間省略登記手続請求訴訟 …………………………………………112
　第1　中間省略登記 ……………………………………………………112
　　1　中間省略登記請求権 ……………………………………………112
　　2　中間省略の真正な登記名義回復を原因とする所有権移転登記
　　　手続請求 …………………………………………………………112
　第2　中間省略登記手続請求訴訟の請求の趣旨・請求認容
　　　　判決主文 ………………………………………………………112
　　　〈記載例21〉　中間省略登記手続請求訴訟の請求の趣旨・請求認容判決
　　　　　　　　　主文記載例／112
　第3　債権的登記請求権を訴訟物とする中間省略登記手続
　　　　請求訴訟 ………………………………………………………113
　　1　債権的登記請求権を訴訟物とする中間省略登記手続請求訴訟に
　　　おける請求原因 …………………………………………………113
　　　(1)　被告YはAに目的不動産を売り渡し、原告Xはこれを買い受け
　　　　たこと ……………………………………………………………113
　　　(2)　被告YおよびAの合意・同意 ……………………………113
　　　〈記載例22〉　債権的登記請求権を訴訟物とする中間省略登記手続請求
　　　　　　　　　訴訟における請求原因記載例／113
　　2　債権的登記請求権を訴訟物とする中間省略登記手続請求訴訟に
　　　おける抗弁 ………………………………………………………114
　　　(1)　合意ないし同意についての瑕疵の抗弁 …………………114
　　　(2)　債務不履行（代金不払）解除の抗弁 ……………………114
　第4　物権的登記請求権を訴訟物とする所有権移転登記手
　　　　続請求訴訟の場合 ……………………………………………114
　　1　原告所有について権利自白が成立する場合 …………………114

	(1) 請求原因 …………………………………………………………114
	(2) 中間者存在の抗弁 ………………………………………………115
	(3) 中間省略登記への同意の再抗弁 ………………………………115
2	原告所有について権利自白が成立しない場合 ………………………115
	(1) 請求原因 …………………………………………………………115
	ア 原告Xの前主Aの所有権について争いがない場合 …………115
	イ 原告Xの前主Aの所有権についても争いがある場合 ………115

Ⅸ 登記引取請求訴訟 ……………………………………………………117
第1 登記引取請求権の意義 ……………………………………………117
第2 登記引取請求の請求の趣旨・認容判決主文 ……………………118
〈記載例23〉 登記引取請求の請求の趣旨・認容判決主文記載例
① 抹消登記引取請求の場合／118
② 移転登記引取請求の場合／118
第3 登記引取請求の請求原因 …………………………………………118
〈記載例24〉 登記引取請求の請求原因記載例
① 抹消登記引取請求の場合／118
② 移転登記引取請求の場合／119

Ⅹ 農地・採草放牧地関係訴訟 …………………………………………120
第1 農地・採草放牧地の権利移転・転用の制限 ……………………120
 1 農地・採草放牧地の権利移転の制限 …………………………………120
 2 農地・採草放牧地の転用の制限 ………………………………………120
 3 農地・採草放牧地の時効取得と農地法3条の許可 …………………120
    (1) 農地・採草放牧地の所有権の時効取得と農地法3条の許可 ……120
    (2) 農地・採草放牧地の賃借権の時効取得と農地法3条の許可 ……121
    (3) 転用目的での農地・採草放牧地の所有権の時効取得と農地法5
       条の許可 …………………………………………………………121
 4 農地・採草放牧地の所有権登記の回復と農地法3条の許可 ………121

5　農地・採草放牧地の売買後の非農地化と農地法の許可 ………… 121
第2　農地・採草放牧地の売買に伴う請求 ……………………………… 122
　1　農地・採草放牧地の売買契約に基づく農業委員会等への許可
　　申請手続協力請求 ………………………………………………………… 122
　　⑴　農地・採草放牧地の売買契約に基づく農業委員会等への許可申
　　　請手続協力請求における請求の趣旨および請求認容判決主文 ……… 122
　　〈記載例25〉　農地・採草放牧地の売買契約に基づく農業委員会等へ
　　　　　　　　の許可申請手続協力請求における請求の趣旨および請求
　　　　　　　　認容判決主文記載例／122
　　⑵　農地・採草放牧地の売買契約に基づく農業委員会等への許可申
　　　請手続協力請求における要件事実 …………………………………… 123
　　　ア　農地・採草放牧地の売買契約に基づく農業委員会等への許可
　　　　申請手続協力請求における請求原因 ……………………………… 123
　　　イ　農地・採草放牧地の売買契約に基づく農業委員会等への許可
　　　　申請手続協力請求における抗弁 …………………………………… 123
　2　農地・採草放牧地の売買契約に基づく農業委員会への届出手
　　続協力請求（市街化区域内の農地・採草放牧地の転用目的売買
　　の場合） …………………………………………………………………… 123
　　⑴　農地・採草放牧地の売買契約に基づく農業委員会への届出手続
　　　協力請求における請求の趣旨および請求認容判決主文 …………… 123
　　〈記載例26〉　農地・採草放牧地の売買契約に基づく農業委員会への
　　　　　　　　届出手続協力請求における請求の趣旨および請求認容判
　　　　　　　　決主文記載例／124
　　⑵　農地・採草放牧地の売買契約に基づく農業委員会への届出手続
　　　協力請求における要件事実 …………………………………………… 124
　　　ア　農地・採草放牧地の売買契約に基づく農業委員会への届出手
　　　　続協力請求における請求原因 ……………………………………… 124

3 農地・採草放牧地の農業委員会等への許可または農業委員会
への届出を条件とする所有権移転登記手続請求 ……………………124
(1) 農地・採草放牧地の農業委員会等への許可または農業委員会へ
の届出を条件とする所有権移転登記手続請求における請求の趣旨
および請求認容判決主文 ……………………………………………124
〈記載例27〉 農地・採草放牧地の農業委員会等への許可または農業
委員会への届出を条件とする所有権移転登記手続請求に
おける請求の趣旨および請求認容判決主文記載例 …………125
(2) 農地・採草放牧地の農業委員会等への許可または農業委員会へ
の届出を条件とする所有権移転登記手続請求における請求原因 ……125

条文索引 ……………………………………………………………………126
事項索引 ……………………………………………………………………129
判例索引 ……………………………………………………………………135

凡 例

― 凡　例 ―

(1) **法　令**
- 民＝民法
- 不登＝不動産登記法
- 不登令＝不動産登記令
- 不登規＝不動産登記規則
- 不登準則＝不動産登記事務取扱手続準則
- 建物区分＝建物の区分所有等に関する法律
- 商＝商法
- 会社＝会社法
- 民訴＝民事訴訟法
- 民訴規＝民事訴訟規則
- 民訴費＝民事訴訟費用等に関する法律
- 非訟＝非訟事件手続法
- 家事＝家事事件手続法
- 民調＝民事調停法
- 民調規＝民事調停規則
- 民執＝民事執行法
- 民保＝民事保全法
- 宅建業＝宅地建物取引業法
- 農地＝農地法

(2) **通知・通達等**
- 訴額算定基準通知＝昭31・12・12最高裁判所民事甲第412号最高裁民事局長通知
「訴訟物の価額の算定基準について」

(3) **判例集、雑誌等**
- 民録＝大審院民事判決録
- 民集＝大審院民事判例集
  　　　最高裁判所民事判例集
- 集民＝最高裁判所裁判集（民事）
- 下民集＝下級裁判所民事判例集
- 訟月＝訟務月報
- 判時＝判例時報
- 判タ＝判例タイムズ

(4) **文　献**

(A)　判例解説
- 『最高裁判例解説民事篇〔平成○年〕』＝『最高裁判所判例解説民事篇平成○年度』（法曹会）

(B)　民事訴訟法関係
- 『民訴法講義案〔再訂補訂版〕』＝裁判所職員総合研修所監修『民事訴訟法講義案〔再訂補訂版〕』（司法協会）
- 『民実講義案Ⅰ〔四訂補訂版〕』＝裁判所職員総合研修所監修『民事実務講義案Ⅰ〔四訂補訂版〕』（司法協会）
- 大島『民事裁判実務の基礎〔2版〕（上）』＝大島眞一著『完全講義　民事裁判実務の基礎〔第2版〕上巻』（民事法研究会）
- 塚原『事例と解説民事裁判の主文』＝塚原朋一編著『事例と解説民事裁判の主文』（新日本法規出版）
- 『訴額算定研究〔補訂版〕』＝裁判所書記官研修所編『訴額算定に関する書記官事務の研究〔補訂版〕』（法曹会）
- 星野『改訂増補〔三版〕和解・調停モデル文例集』＝星野雅紀編『改訂増補〔三版〕和解・調停モデル文例集』（新日本法規出版）

(C)　要件事実等関係

凡　例

- 司研『改訂紛争類型別の要件事実』＝司法研修所編『改訂紛争類型別の要件事実』（法曹会）
- 司研『増補民事訴訟における要件事実1巻』＝司法研修所編『増補民事訴訟における要件事実第1巻』（法曹会）
- 司研『10訂民事判決起案の手引』＝司法研修所編『10訂民事判決起案の手引』（法曹会）
- 加藤ほか『要件事実の考え方と実務〔2版〕』＝加藤新太郎・細野敦著『要件事実の考え方と実務〔第2版〕』（民事法研究会）
- 村田ほか『要件事実論30講〔3版〕』＝村田渉・山野目章夫編著『要件事実論30講〔第3版〕』（弘文堂）
- 升田『要件事実の基礎と実践』＝升田純著『要件事実の基礎と実践』（金融財政事情研究会）
- 岡口『要件事実マニュアル1巻・2巻〔3版〕』＝岡口基一著『要件事実マニュアル第1巻・第2巻〔第3版〕』（ぎょうせい）

(D)　民法関係

- 『新版注釈民法(2)』＝林良平・前田達明編『新版注釈民法(2) 総則(2)』（有斐閣）
- 内田『民法Ⅱ〔3版〕』＝内田貴著『民法Ⅱ〔第3版〕』（東京大学出版会）
- 遠藤『民法注解財産法1巻・2巻』＝遠藤弘ほか監修『民法注解財産法第1巻・第2巻』（青林書院）

(E)　不動産関係

- 清水『一問一答新不動産登記法』＝清水響編著『一問一答新不動産登記法』（商事法務）
- 山野目『不動産登記法』＝山野目章夫著『不動産登記法』（商事法務）
- 青山『新訂民事訴訟と不動産登記一問一答』＝青山正明編著『新訂民事訴訟と不動産登記一問一答』（テイハン）
- 幸良『改訂判決による登記』＝幸良秋夫著『改訂設問解説判決による登記』（日本加除出版）

・新井『判決による不動産登記』＝新井克美著『判決による不動産登記の理論と実務』（テイハン）
・藤田ほか『不動産訴訟の実務〔七訂版〕』＝藤田耕三・小川英明編『不動産訴訟の実務〔七訂版〕』（新日本法規出版）
・登記関係先例集 上・下・追加Ⅲ・追加編Ⅴ・追加編Ⅶ＝登記研究編集室編『登記関係先例集 上・下・追加編Ⅲ・追加編Ⅴ・追加編Ⅶ』（テイハン）

(F) 民事執行関係

・『注釈民執7』＝香川保一監修『注釈民事執行法7』（金融財政事情研究会）
・『注解民執(1)・(5)・(6)』＝鈴木忠一・三ヶ月章編『注解民事執行法(1)・(5)・(6)』（第一法規出版）
・園部『書式代替執行・間接強制・意思表示擬制〔五版〕』＝園部厚著『書式代替執行・間接強制・意思表示擬制の実務〔第五版〕』（民事法研究会）
・『執行文の研究下』＝裁判所書記官研修所編『平成2年度書記官実務研究　執行文に関する書記官事務の研究・下巻』（司法協会）

(G) 民事保全関係

・『民事保全諸問題』＝東京地裁保全研究会著『民事保全実務の諸問題』（判例時報社）
・瀬木『民事保全法〔三版〕』＝瀬木比呂志著『民事保全法〔第三版〕』（判例タイムズ社）

(5) 論　文

・永井ユタカ・判タ672号＝永井ユタカ（大津家庭・地方裁判所判事（当時））「不動産登記手続請求訴訟——主として判決主文例（請求の趣旨例）を中心として——」（判例タイムズ672号）6頁以下

序　章

　不動産の売買を経験した方は多いと思われる。不動産の売買をすれば、その不動産の所有権の移転を第三者に対抗するために登記が必要となるので、必然的に不動産登記が必要となるが、その登記がきちんとなされない場合もある。

　不動産の登記手続をその義務者等が行わないとき、その不動産登記手続をする債務は、金銭の支払いを求める債務等の「与える債務」と違い、いわゆる「為す債務」にあたり、その性質上他人が代わって履行することのできない不代替的作為債務となり、本来その債務が任意になされない場合の強制執行の方法は間接強制になるはずであるが、不動産登記手続における債権者としては、その意思表示がなされた場合の法律効果が発生すれば十分なので、意思表示を命ずる判決等の債務名義があれば、それによって裁判が確定したときまたは和解等が成立したときに当該意思表示があったものとみなしている（意思表示の擬制（民414条2項ただし書、民執174条1項本文））。このように、不動産登記手続を求める債務は、金銭の支払いを求める債務等と違い、特殊なものであり、本来登記権利者と登記義務者の登記所に対する共同申請を原則とする（不登60条）が、それが任意に履行されないときには、その履行を求める訴訟等を起こし、その認容判決等を得ると、それにより登記義務者等の登記所に対する登記申請の意思表示が擬制され、登記官は、その判決等が提供されれば、登記をすることになるのである。

　このような不動産登記手続を登記義務者等に求める場合、その請求の表示をどのように表示するかが問題となり、その請求の表示も事例ごとに異なってくるので、その請求の表示を、事例ごとに正確に認識することは難しいのではないかと思われる。

　本書は、そのような不動産登記に関する紛争解決の手引として、事例ごと

1

序　章

に、その請求等整理して、できるだけわかりやすく説明し、それらの事件の紛争解決手続について説明をしている。

　具体的には、第1章で不動産登記手続ついて、「不動産登記制度」(第1節)において不動産登記制度全般について説明し、以下「表示に関する登記」(第2節)および「権利に関する登記」(第3節)について説明する。そして、第2章で不動産登記に関する事件の紛争解決手続について、「相談窓口」(第1節)、「民事保全手続」(第2節)、「民事調停手続」(第3節)および「訴訟手続」(第4節)について説明をしている。さらに、「訴訟手続」(第4節)では、訴訟手続一般(Ⅰ)、売買契約に基づく所有権移転登記手続請求訴訟(Ⅱ)、所有権に基づく妨害排除請求権としての所有権移転登記等抹消登記手続請求訴訟(Ⅲ)、真正な登記名義の回復を原因とする抹消に代わる所有権移転登記手続請求訴訟(Ⅳ)、時効取得を原因とする所有権移転登記手続請求訴訟(Ⅴ)、所有権に基づく妨害排除請求権としての抵当権設定登記抹消登記手続請求訴訟(Ⅵ)、所有権に基づく妨害排除請求権としての所有権移転登記および抵当権設定登記の抹消登記手続等の請求訴訟(Ⅶ)、中間省略登記手続請求訴訟(Ⅷ)、登記引取請求訴訟(Ⅸ)および農地・採草放牧地関係訴訟(Ⅹ)について、それぞれ説明する。

第1章　不動産登記手続

第1節　不動産登記制度

第1　不動産に関する物権の取得および変更における公示の原則

　不動産の物権の設定および移転は、当事者の意思表示のみによって、その効力を生ずる（民176条）が、不動産に関する物権の取得および変更は、不動産登記法その他の登記に関する法律の定めるところに従いその登記をしなければ、第三者に対抗することができない（民177条）。たとえば、売買等で不動産の所有権を取得した場合、その所有権の取得は売主買主間の売買の合意によってその効力が生ずるが、その所有権について移転登記手続をして公示をしないと、その所有権の取得を第三者に対抗することができないことになる（公示の原則）。

第2　登記簿・登記記録

1　登記記録と登記簿

　このように、不動産に関する所有権等の物権の取得および変更は、不動産登記簿に記録することによって、それを第三者に対抗する不動産登記制度がとられている。不動産に関する所有権等の物権の取得および変更が記録される登記簿は、電磁的記録として作成される。そして、不動産の表示に関する登記または権利に関する登記について、1筆の土地または1個の建物ごとに作成される電磁的記録を、「登記記録」という（不登2条5号）。つまり、「登記記録」は、電磁的に記録されている形式で存在する登記に関する記録の内容を、一つの不動産ごとに把握した概念であり、「登記簿」は登記記録を記

3

2　登記記録の編成

(1) 登記記録の編成

登記記録は、表題部と権利部に区分して作成する（不登12条）。

(2) 表題部

表題部とは、登記記録のうち、表示に関する登記が記録される部分をいう（不登2条7号）。

ここでいう不動産の表示とは、土地についての「所在、地番、地目、地積」（不登34条1項）等、建物についての「所在、家屋番号、建物の種類・構造及び床面積」（不登44条1項）等をいう。

(3) 権利部

権利部とは、登記記録のうち、権利に関する登記が記録されている部分をいう（不登2条8号）。

権利部は、甲区と乙区に区分し、甲区には所有権に関する登記の登記事項を記録するものとし、乙区には所有権以外の権利に関する登記の登記事項を記録するものとする（不登規4条4項）。

第3　登記の種類

1　主登記と付記登記

主登記とは、付記登記の対象となるすでにされた権利に関する登記をいい、付記登記とは、権利に関する登記のうち、すでにされた権利に関する登記を変更し、もしくは更正し、または所有権以外の権利にあってはこれを移転し、もしくはこれを目的とする権利の保存等をするもので当該すでにされた権利に関する登記と一体のものとして公示する必要があるものをいう（不登4条2項かっこ書）。

付記登記と他の登記の前後を比較する際の付記登記の順位は、主登記のそれにより定め、同一の主登記に係る付記登記の順位はその前後による（不登

2　変更登記、更正登記

変更登記は、登記事項に変更があった場合に当該登記事項を変更する登記をいい（不登2条15号）、更正登記は、登記事項に錯誤または遺漏があった場合に当該登記事項を訂正する登記をいう（不登2条16号）。変更登記は、後発的な変化に対応するものであり、更正登記は、原始的に登記の内容に実体との齟齬がある場合のものである。更正登記には、申請人が故意に実体と齟齬する内容の申請情報を提供してなされた登記の更正も含まれる（山野目『不動産登記法』47頁）。

3　抹消登記

抹消登記とは、登記されている登記事項において、その登記事項としての効力を失わせるものであり、その登記事項の全部の効力を失わせるものである。登記事項の一部について、その効力を失わせるものは、「変更登記」または「更正登記」である（山野目『不動産登記法』48頁）。

第4　登記の順位

同一不動産について登記した権利の順位は、法令に別段の定めがある場合を除き、登記の前後による（不登4条1項）。

第5　登記名義人

1　権利能力のない社団

権利能力のない社団の資産は、その社団の構成員全員に総有的に帰属しているのであって、社団自身が私法上の権利義務の主体となることはないから、社団の資産である不動産についても、社団はその権利主体となりうるものではなく、登記請求権を有するものではないと解されている（最判昭47・6・2民集26巻5号957頁。昭22・2・18民事甲141号法務省民事局長回答・登記関係先例集上768頁、昭23・6・21民事甲1897号法務省民事局長回答・登記関係先

例集上834頁、昭36・7・21民三625号法務省民事局第三課長回答・登記関係先例集追加Ⅲ588頁。山野目『不動産登記法』92頁）。

2　外国人・外国法人

外国人土地法は、外国人・外国法人の土地に関する権利の取得について、例外的に、日本人や日本法人に対し土地に関する権利の享有を禁止または制限する国の国民や法人に対し、同一または類似の禁止または制限をなしうるものとしている（外国人土地法1条・3条・6条）が、現在、そのような制限をする法令等はない（山野目『不動産登記法』102頁）[*1]。

3　代理人

登記申請における任意代理人は、理論上の制限はない。ただ、業として登記の申請代理をすることができるのは、権利に関する登記申請については、弁護士・弁護士法人（弁護士法3条1項・30条の2、司法書士法73条1項ただし書）、司法書士・司法書士法人（司法書士法3条1項1号・29条1項）であり、表示に関する登記申請については、土地家屋調査士・土地家屋調査士法人（土地家屋調査士法3条1項2号・29条1項）である。

[*1]　なお、外国人又ハ外国法人ノ物権ノ登記ニ関スル法律は、かつて、外国人または外国法人が当事者となる不動産または船舶に関する物権変動で改正条約実施前にされたものについて、登記の要否または登記を要する場合の登記手続の定めを勅令に委任するものとしていたが、同法律は、昭和57年法律69号「行政事務の簡素化に伴う関係法律の整備及び適用対象の消滅等による法律の廃止に関する法律」38条2号により廃止された（山野目『不動産登記法』102頁）。

第2節　表示に関する登記

第1　表示の登記の意義

1　表示に関する登記の記録される場所

表示に関する登記は、不動産の表示に関する登記であり（不登2条3号）、登記記録の表題部に記録される（不登2条7号）。

2　表題登記

登記記録の表題部になされる表示に関する登記のうち、当該不動産について表題部に最初になされる登記を、表題登記という（不登2条20号）。海底隆起などにより新たに土地が生じた場合（不登36条）、建物を新築した場合（不登47条）などに、表題登記がなされる。

3　表題部所有者

(1)　表題部所有者の意義

所有権の登記がない不動産については、表題部所有者欄に所有者の氏名・名称および住所を登記する（不登27条3号）。ここに記録される表題部所有者は、所有権保存登記を単独で申請することができる（不登74条1項1号）。表題部所有者欄に記載のある表題登記がある不動産について所有権保存登記がされたときは、当該表題部所有者に関する登記事項は、抹消する記号を記録する（不登規158条。本章第3節第4・1(3)（23頁）参照）。

(2)　表題部所有者の氏名等の変更・更正登記

表題部所有者の氏名・名称または住所についての変更または更正の登記は、表題部所有者のみが申請することができる（不登31条）。

(3)　表題部所有者の変更登記

表題部所有者またはその持分についての変更は、当該不動産について所有権保存登記をした後において、その所有権移転の登記手続をするのでなければ、登記することができない（不登32条）。

(4) 表題部所有者の更正登記

　不動産の実体上の所有者と当該不動産の表題部所有者とが異なる場合において、当該表題部所有者についての更正登記は、当該実体上の所有者のみが申請することができる（不登33条１項）。この更正登記において、当該実体上の所有者は、当該表題部所有者の承諾が必要となり（不登33条２項）、その承諾を証する情報を申請に添付しなければならない（不登令別表２ハ）。表題部所有者の任意の承諾が得られない場合は、当該表題部所有者に対し、当該承諾の意思表示を求める訴訟を提起し、その認容の確定判決等があったことを証する情報を添付しなければならない（不登令別表２ハ）。また、当該実体上の所有者は、当該更正登記申請において、実体上の所有者であることを証する情報も添付しなければならない（不登令別表２イ）。

　表題部所有者に係る持分の更正についても、同様になされる（不登33条３項・４項）（山野目『不動産登記法』171頁）。

第２　表示の登記の方法

１　職権による表示の登記の原則

　登記は、法令に別段の定めがある場合を除き、当事者の申請または官庁もしくは公署の嘱託がなければ、することができないとされている（不登16条１項）が、表示に関する登記は、原則として、登記官が、職権ですることができるとされている（不登28条）。

２　私人による表示の登記の申請

(1) 私人による表示の登記ができる場合

ア　土地の分筆または合筆の登記

　土地の分筆または合筆の登記は、表題部所有者または所有権の登記名義人が申請することができ、それ以外の者は申請することができない（不登39条１項）。

イ　建物の分割の登記、建物の区分の登記および建物の合併の登記

また、建物の分割の登記（表題登記がある建物の附属建物を当該表題登記がある建物の登記記録から分割して登記記録上別の1個の建物とする登記）、建物の区分の登記（表題登記がある建物または附属建物の部分であって区分建物に該当するものを登記記録上区分建物とする登記）および建物の合併の登記（表題登記がある建物を登記記録上他の表題登記がある建物の附属建物とする登記または表題登記がある区分建物を登記記録上これと接続する他の区分建物である表題登記がある建物もしくは附属建物に合併して1個の建物とする登記）は、表題部所有者または所有権の登記名義人が申請することができ、それ以外の者は申請することができない（不登54条1項）。

(2)　私人による登記が義務づけられる場合

ア　土地の表題登記の申請

新たに生じた土地または表題登記がない土地の所有権を取得した者は、その所有権の取得日から1カ月以内に、表題登記を申請しなければならない（不登36条）。

イ　土地の地目または地積の変更の登記の申請

土地の地目または地積について変更があったときは、表題部の所有者または所有権の登記名義人は、その変更があった日から1カ月以内に、当該地目または地積に関する変更の登記を申請しなければならない（不登37条1項）。

ウ　建物の表題登記の申請

新築した建物または区分建物以外の表題登記がない建物の所有権を取得した者は、その所有権の取得日から1カ月以内に、表題登記を申請しなければならない（不登47条1項）。

エ　建物の滅失登記の申請

建物が滅失したときは、表題部所有者または所有権の登記名義人は、その滅失の日から1カ月以内に、当該建物の滅失の登記を申請しなければならない（不登57条）。

オ　表示の登記申請懈怠に対する過料の行政罰

上記ア～エ等の表示に関する登記について、申請義務がある者が、その申請を怠ったときは、10万円以下の過料に処される（不登164条）[*2]。

第3　建物の表示の登記

1　建物の概念

建物は、屋根および周壁またはこれに類するものを有し、土地に定着した建造物であって、その目的とする用途に供しうる状態にあるものでなければならないとされている（不登規111条）。

(1)　屋根、周壁等

屋根を四方に吹き下ろし、壁がなく柱だけの小屋である、庭園等に休憩所として設ける東屋（四阿、あずまや）は、上記定義からすれば、建物ではないことになる（山野目『不動産登記法』202頁）。

ゴルフ練習場は、用途上、打球の飛ぶ方向が開放されており、外気分断性が完全ではないが、打球を飛ばす方向でない部分について周壁があれば建物として認め、そのような建物についても、3方向が周壁で区画されていれば、建物と認めるのが実務の取扱いである（山野目『不動産登記法』202頁）。建造物全体がもっぱら自動車駐車を目的とする数階建てのものは、排気のために4方向の全部が外気の通風が可能な状態になっていても建物であると認められている（山野目『不動産登記法』202頁）。

駅のプラットホーム（停車場の乗降場）や荷物積卸場が上屋を有する部分については、建物として取り扱い（不登準則77条1号ア）、野球場や競馬場の観覧席についても、屋根を有する部分について、建物として取り扱うことと

[*2]　この過料は、行政上の秩序罰であり、事案の発生を確認した登記官が地方裁判所に通知をすることを端緒として進められる（非訟119条・120条）が、この通知がなされた例はないようである。登記官が、申請されるべき表示の登記事案を認知した場合、通常は、申請義務者に申請を促すが、登記官自らが登記を実行する取扱いが行われているようである（山野目『不動産登記法』172頁2）。

されている（不登準則77条1号イ）。

(2) 土地への定着性

土地への定着とは、土地への付着性とその付着性の継続という要素を含むとされている（『新版注釈民法(2)』614頁(3)・615頁(ア)）。

工事現場の一角にある作業員の休憩や食事の場所として設けられる簡易な建築物（飯場建物）は、通常は建物とは考えることはできないが、その工事が長期に及ぶ場合などは、定着の継続性があり、建物といえる場合もあると思われる（山野目『不動産登記法』203頁）。

建物が永久的な施設としての桟橋の上に存する場合または固定した浮船を利用したものである場合については、その建物から最も近い土地の番地を用い、「何番地先」のように、登記記録に記録するとされている（不登準則88条4項）。

2 区分建物の敷地権

区分建物について、敷地利用権（建物区分2条6項）が区分所有者の有する専有部分と分離して処分することのできない敷地権（建物区分22条1項）であるときは、当該区分建物の表題登記に敷地権の表示がされ（不登44条1項9号）、当該敷地権の目的土地の登記記録には、職権で、当該登記記録の権利部の相当区に、所有権、地上権その他の権利が敷地権である旨登記される（不登46条、不登規119条1項）。これにより、当該敷地権の目的土地の登記記録の権利部の記録がされず凍結され、敷地権の権利の変動は、原則として区分建物の権利部になされる登記により公示されることになる（不登73条）（山野目『不動産登記法』225頁・237頁）。具体的には、区分建物の敷地権の権利の移転の登記および敷地権である権利を目的とする担保権の登記は、土地の登記記録にすることができず（同条2項）、区分建物の登記記録にされる所有権・担保権の登記が敷地になされたものとして効力が認められる（同条1項）。

第3節　権利に関する登記

第1　登記請求権

1　登記共同申請の原則

　不動産の権利に関する登記は、登記権利者と登記義務者の共同申請によって行うのが原則である（不登60条）。そして、たとえば、不動産の買主は、買い受けた不動産の登記名義を買主名義にすることができないと困るので、売主に対し、所有権移転登記申請に協力することを請求しうる権利が認められる。この実体法上の権利を登記請求権という。

　不動産登記法上の登記権利者とは、権利に関する登記をすることにより、登記上、直接に利益を受ける者をいい、間接に利益を受ける者は除かれる（不登2条12号）。不動産登記法上の登記義務者とは、権利に関する登記をすることにより、登記上、直接に不利益を受ける登記名義人をいい、間接に不利益を受ける登記名義人は除かれる（不登2条13号）。実体法上の登記請求権の登記権利者・登記義務者は、通常、不動産登記法にいう登記権利者・登記義務者と一致するが、一致しない場合もある。たとえば、A所有の不動産について、AからB、BからCと、順次不実の所有権移転登記がされていて、現在Cが登記名義人である場合には、Aは、実体法上、Cに対しBC間の所有権移転登記の、Bに対しAB間の所有権移転登記の、それぞれ抹消登記請求権を有している。この場合、BC間の所有権移転登記の抹消登記手続では、その抹消登記の実行によって登記上所有権を回復するという直接の利益を受ける者はBであり、これにより直接の不利益を受ける者はCであるから、不動産登記法上の登記権利者はBであり、登記義務者はCである。Aは、BCが任意にBC間の所有権移転登記の抹消に任意に応じてくれない場合は、Cに対するBC間の所有権移転登記の抹消登記手続請求の勝訴の確定判決を得たうえで、Bに代位してBC間の所有権移転登記の抹消登記

手続申請をすることになる（不登63条1項・59条7号。昭43・5・29民事甲1830号法務省民事局長回答）（藤田ほか『不動産訴訟の実務〔七訂版〕』240頁）。

2 登記請求権の内容

登記請求権については、いかなる場合に発生し、どのような法的性質があるかについて、一元説と多元説の対立があるが、判例は多元説であるとされている。そして、登記請求権の発生原因として以下のものがあるとされている（藤田ほか『不動産訴訟の実務〔七訂版〕』242頁第2）。

① 物権的登記請求権

物権的登記請求権は、物権そのものの効力として発生するとするものであり、現在の権利関係（物権関係）と登記が一致しない場合に、その不一致を除去するために、物権を有する者に認められる登記請求権である。

② 債権的登記請求権

債権的登記請求権は、当事者の合意に基づいて発生するものである。売買等の契約が成立したときに、登記手続をする旨の特約をしたときはもちろん、そのような明示の特約がないときでも、契約の効果として、その契約内容に応じた対抗要件として、売買であれば所有権移転登記等の手続をする登記請求権が発生する。

③ 物権変動的登記請求権

判例は、物権変動の事実そのものから、登記請求権が発生することを認める。これは、物権変動の過程・態様と登記が一致しない場合に、それを一致させるために認められるものである（藤田ほか『不動産訴訟の実務〔七訂版〕』252頁3(1)）。

3 中間省略登記請求権

(1) 中間省略登記請求権

判例通説は、YからA、AからXに不動産が順次売買されたが、当該不動産の登記名義がいまだYにあるような場合、登記名義人（Y）および中

間者（A）の同意がある場合に限り、YからX直接に当該不動産の名義を移転する中間省略登記を肯定している（最判昭40・9・21民集19巻6号1560頁、最判昭43・1・30民集22巻1号44頁）（加藤ほか『要件事実の考え方と実務〔2版〕』115頁）。

(2) 中間省略の真正な登記名義回復を原因とする所有権移転登記手続請求

不動産の所有者が、元の所有者から中間者に、次いで中間者から現在の所有者に、順次移転したにもかかわらず、登記名義がなお元の所有者の下に残っている場合において、現在の所有者が元の所有者に対し、元の所有者から現在の所有者に対する真正な登記名義の回復を原因とする所有権移転登記手続を請求することは、物権変動の過程を忠実に登記記録に反映させようとする不動産登記法の原則に照らし、許されない（最判平22・12・16民集64巻8号2050頁）（幸良『改訂判決による登記』211頁（設問62））。

第2　判決等による登記

1　権利に関する登記の執行方法

(1) 不動産登記共同申請の例外

不動産登記の共同申請（本章本節第1・1（12頁））には例外がある。その例外として、相続による登記（不登63条2項）、所有権保存の登記（不登74条）等がある。その他に、不動産登記法上の登記権利者等が同法上の登記義務者等に対し、当該登記請求権についての勝訴の確定判決等を得たときは、単独でその勝訴判決に係る登記の申請をすることができる（不登63条1項）。

(2) 意思表示の擬制

登記義務者等が登記手続に協力しない場合、登記権利者等としては、登記義務者等に対し、登記手続をするという意思表示を求める訴訟等を提起して、その認容判決等を得ることはできる。この場合の登記義務者等の登記手続をするという意思表示をする債務は「為す債務」であり、その性質上他人

が代わって履行することができない不代替的作為義務であり、それについての確定判決等の債務名義がある場合、その債務の性質からいえば、それを実現する強制執行の方法としては、間接強制よって行うことになる。しかし、登記権利者等とすれば、登記義務者等の登記手続をするという意思表示がされた場合に生ずる登記の共同申請という法律効果が発生すれば十分なので、間接強制という迂遠で実効性に乏しい方法を避け、登記義務者等の登記手続をするという意思表示を命ずる確定判決等の債務名義があれば、それによって裁判が確定したとき、または和解等が成立したときに当該意思表示があったものとみなしている（民414条2項ただし書、民執174条1項本文）（園部『書式 代替執行・間接強制・意思表示の擬制〔五版〕』8頁・268頁）。これを「意思表示の擬制」といっている。

(3) 擬制の内容

相手方のある意思表示は、表意者が、①意思を表白し、②当該意思を発信し、③相手方に当該意思が到達し、④相手方が当該意思を了知するという過程を経て行われるが、意思表示の擬制は、意思表示の表白および発信を擬制するものであり、意思表示の到達および了知を擬制するものではない（中野貞一郎「作為・不作為債権の強制執行」（民事訴訟法学会編・民事訴訟法講座第4巻）（有斐閣）1219頁、園部『書式 代替執行・間接強制・意思表示の擬制〔五版〕』280頁(ｱ)）。相手方のある一般的な意思表示は、相手方に到達することによって効力を生ずる（民97条1項）。したがって、意思表示の擬制がされただけでは、意思表示の効力が生じないことになる。

登記手続義務の場合であれば、たとえば債務名義となる判決正本とその確定証明書を登記官に提出することによって、表白および発信された債務者の意思表示が登記官に到達し、それにより登記記録に記録されることによって債権者である登記権利者等の最終的満足を得ることができる（園部『書式 代替執行・間接強制・意思表示の擬制〔五版〕』281頁・284頁）。

2　通常の債務名義に基づく登記手続

　登記請求手続をすべきことを命ずる判決が確定し、または和解等に係る債務名義が成立したときは、その確定または成立のときに登記申請手続の意思表示をしたものとみなされ（民414条2項ただし書、民執174条1項本文）、確定判決または和解調書等を得た登記手続の一方当事者は、執行文の付与を受けることなく、当該確定判決・和解調書等の債務名義を添付して、単独で登記申請手続をすることができる（不登63条1項）。

3　意思表示が債権者の証明すべき事実の到来に係る場合、意思表示が反対給付と引換えの場合および意思表示が債務者の証明すべき事実のないときに係る場合の登記手続

　意思表示が債権者の証明すべき事実の到来に係る場合、意思表示が反対給付と引換えの場合および意思表示が債務者の証明すべき事実のないときに係る場合は、債務名義である裁判の確定または和解等の成立のときに当然に意思表示をしたことにすると、意思表示に付された付款について判断することなく、債務者に不服申立ての機会を与えることなく、登記請求権の満足を債権者に与えてしまうことになってしまう。そこで、このような場合は、執行文を付与することとし、執行文を付与したときに意思表示がされたものとみなした（民執174条1項ただし書）（園部『書式代替執行・間接強制・意思表示の擬制〔五版〕』269頁）。

4　意思表示擬制の対象となる債務名義

(1) 給付を命ずる債務名義

　登記申請手続等の意思表示の擬制の対象となる債務名義は、意思表示をすべきこと（給付）を命ずる債務名義でなければならず、意思表示をすべきことの確認または意思表示義務を形成する債務名義はその対象とならない（『注釈民執7』306頁、園部『書式代替執行・間接強制・意思表示の擬制〔五版〕』271頁1）。

(2) 債務名義の種類

ア 該当するもの

意思表示擬制の対象となる債務名義としては、以下のものがある（園部『書式代替執行・間接強制・意思表示の擬制〔五版〕』271頁(1)）。

(ｱ) 確定判決（民執22条1号）

(ｲ) 確定した執行判決のある外国裁判所の判決（民執22条6号）、確定した執行決定のある仲裁判断（民執22条6号の2）

仲裁判断は、執行決定を取得することによって執行力を具備して債務名義となるのであるが、登記手続の場合、いわゆる狭義の執行行為はなく、民事執行法174条により仲裁判断成立のときに意思表示が擬制され、執行決定は必要ないのではないかという疑問もある。しかし、執行決定は狭義の執行のみを前提とするものではなく、登記手続も広義の執行に含まれること、また、執行決定を得ることにより仲裁判断取消事由の主張を一般的に遮断することが望ましいことなどから（『注解民執(1)』333頁）、登記手続義務の仲裁判断にも執行決定が必要であり、その執行決定が確定したときに意思表示が擬制され、それに基づいて登記申請をする必要があると解すべきである（昭29・5・8民事甲938号法務省民事局長回答・登記関係先例集下2193頁。大阪高判昭53・3・30訟月24巻3号679頁（原審・京都地判昭52・10・21判タ369号306頁））（『執行文の研究下』583頁〔4-4〕）。

(ｳ) 確定判決と同一の効力を有するもの（(ｵ)に該当するものを除く）（民執22条7号）

　a 合意に相当する審判（家事281条）、調停に代わる審判（家事287条）、調停に代わる決定（民調18条5項（民訴267条））等がこれに該当する。

　b 和解、認諾または調停に係る調書もこれに該当する（民訴267条、民執174条1項）（明33・1・17民刑局長回答・登記関係先例集上133頁）。

　c 労働審判または労働審判法20条7項の調書もこれに該当する（民

17

執33条2項6号、39条1項4号参照）。

(エ)　特別の定めにより債務名義となるもの

民事執行法22条各号には直接該当しないが、特別の定めにより債務名義になるものとして、家事審判（家事74条・75条）、家事事件手続法別表第2に掲げる事項についての調停調書（家事268条1項）等がある。

(オ)　抗告によらなければ不服申立てができない裁判

意思表示の擬制における債務名義として、抗告によらなければ不服を申し立てることができない裁判（確定しなければその効力を生じない裁判にあっては、確定したものに限る）（民執22条3号）が現実に出てくることはないと思われる。

イ　該当しないもの

以下のものは、意思表示擬制の対象となる債務名義ではない（園部『書式代替執行・間接強制・意思表示の擬制〔五版〕』273頁(2)）。

(ア)　仮執行宣言付支払督促（民執22条4号）・執行証書（民執22条5号）

金銭その他の代替物または有価証券の一定数量の給付を目的とする請求に関する債務名義である仮執行宣言付支払督促（民訴382条）および執行証書（金銭その他の代替物または有価証券の一定数量の給付を目的とする請求についての公正証書で債務者が直ちに強制執行に服する旨の陳述が記載されているもの）は、意思表示を命ずる債務名義になり得ず、意思表示擬制の余地はない（明35・7・1民刑637号民刑局長回答・登記関係先例集上237頁）。

(イ)　仮執行宣言付判決（民執22条2号）

判決に基づく意思表示の擬制は、債務名義である判決が確定した時に、意思表示があったものとみなされるものであり（民執174条1項）、判決に仮執行宣言を付してもその時に意思表示が擬制されることはないとするのが通説である（『注釈民執7』306頁、『注解民執(5)』120頁(4)）。

登記実務も、仮執行宣言付未確定判決に基づく単独登記申請は旧不動産登記法（明治32年法律第24号）（現不登25条9号）により却下すべきとする（昭

25・7・6民事甲1832号法務省民事局長通達・登記関係先例集下1429頁）（新井『判決による不動産登記』122頁。誤って意思表示を命ずる判決に仮執行宣言を付した場合、判決が取り消されない限り執行力を認めるべきであるとする説もある（大決昭10・9・27民集14巻1650頁）（兼子一『増補強制執行法』292頁）。最高裁判所は、仮執行宣言付判決に基づいてなされた登記は違法であるが、その後に当該判決が確定したときは、その登記の違法は治癒され有効になるとする（最判昭41・6・2判時464号25頁）（新井『判決による不動産登記』126頁））。

(ウ) 仮処分命令（民保52条2項）

作為または不作為を命ずる仮処分の執行については、仮処分命令を債務名義とみなすことになっているが（民保52条2項）、仮処分は仮定性を有しており、債務名義が判決の場合に確定を求めた趣旨に照らすと、仮処分命令に基づいて意思表示の擬制をすることはできないとする説がある（『注釈民執7』307頁d、『注解民執(6)』258頁）。これについては、民事執行法174条1項が判決確定時に意思表示があったものとみなしているのは、意思表示の効力発生時期を判決確定時と明確にしているにすぎず、そこから直ちに仮処分により意思表示の効力を生じさせることができないことにはならず、仮処分により暫定的に意思表示の効力を生じさせることは他の満足的仮処分が認められるのと同様に一般的には肯定されるべきであり、その後に個々の事件について、債務者の不利益等を慎重に検討して判断すべきであるなどとして意思表示を命ずる仮処分を一般的には肯定しているのが現在の通説である（瀬木『民事保全法〔三版〕』375頁〔347〕）。

ただ、意思表示を命ずる仮処分を一般的には肯定する説も、登記手続を命ずる仮処分については、仮処分による登記権利者からの単独申請を許す明文の規定がないこと、仮処分による登記を認めると、仮処分の取消しなどがなされると登記記録の記録が錯綜し、登記記録に公信力がないために、第三者に不測に損害を与える可能性があることなどから、否定しているのが多数であり（『民事保全諸問題』185頁1）、登記先例である（昭47・12・8民事三発996

号法務省民事局第三課長回答・登記関係先例集追加Ⅴ806頁、昭57・10・26民三6326号法務省民事局第三課長回答・登記関係先例集追加Ⅶ6頁)。

なお、家事審判における審判前の保全処分(家事105条)についても、その執行および効力は民事保全法等の仮差押え・仮処分の執行および効力に関する規定に従うとされている(家事109条3項)ことから、民事保全法上の仮処分命令と同様に解することができる(新井『判決による不動産登記』24頁(4))。

第3 仮登記

1 仮登記の意義

仮登記とは、対抗力が認められる終局的な登記(本登記)をするための要件が調っていない場合に、その順位をあらかじめ保全するためになされる登記である。

2 仮登記の種類

仮登記には、物権変動は生じているが、本登記申請に必要な手続上の要件が欠けているときになされる1号仮登記(不登105条1号)と、物権変動は生じていないが、物権変動を生じさせる請求権が生じているときになされる2号仮登記(不登105条2号)がある。

3 仮登記の効力

(1) 仮登記の順位保全の効力

仮登記に基づく本登記がされた場合、その本登記の効力は、仮登記により保全された順位において認められ(不登106条)、これを仮登記の順位保全の効力という。

(2) 仮登記の対抗力

仮登記に基づく本登記がされた場合、登記の対抗力の発生時点を仮登記時点までさかのぼらせることができるかが問題となる。これについては、対抗力の仮登記時点までの遡及を肯定すると、仮登記名義人と対抗関係に立つ第三者がいる場合、仮登記名義人が仮登記以降の当該不動産の果実を保持する

ことができることになる。しかし、仮登記は、物権変動が生じていないか、本登記するための要件が備わっていない場合に認められるものであり、それに対し本来の対抗力を認めることはできないと思われ、対抗力の仮登記時点までの遡及を認めない考え方が一般的であると思われる（山野目『不動産登記法』333頁・334頁）[3]。

4　仮登記を命ずる処分

　仮登記をしようとする登記権利者が、登記義務者の任意の協力が得られないような場合に、裁判所は、仮登記の登記権利者の申立てにより、仮登記を命ずる処分をすることができる（不登108条1項）。

　この仮登記を命ずる処分の事件は、不動産の所在地を管轄する地方裁判所の管轄に専属する（不登108条3項）。

　この仮登記を命ずる処分の申立てにおいては、仮登記の原因となる事実を疎明しなければならない（不登108条2項）。

　仮処分を命ずる処分の申立てを却下した決定に対しては、即時抗告をすることができる（不登108条4項）。この即時抗告については、非訟事件手続法2条および同法第2編（5条、6条、7条2項、40条、59条、66条1項および2項並びに72条を除く）の規定を準用する（不登108条5項）。即時抗告期間は2週間となる（不登108条5項（非訟67条1項））。

5　仮登記に基づく本登記

(1) 仮登記に基づく所有権の本登記

　たとえば、代金完済時に所有権が移転するとの売買契約に基づく所有権移転の仮登記がされ、当該仮登記に基づく本登記をする前に、当該不動産について所有権移転登記を得た第三者が存在する場合、代金を完済して当該仮登記に基づく本登記を申請する際には、当該利害関係を有する第三者の本登記

---

[3]　最判昭36・6・29民集15巻6号1764頁
　　　所有権移転請求権全の仮登記後本登記をしたときは、仮登記の時以後におけるこれと相いれない中間処分の効力を否定することができるけれども、仮登記の時に所有権移転のあった事実が擬制されるものではないと判示した。

承諾を証する情報または当該利害関係を有する第三者の本登記承諾の意思表示を命ずる確定判決等の情報を提供して、本登記の申請をすることができ（不登109条1項）、それにより、登記官が、職権で、当該利害関係を有する第三者の所有権移転登記等を抹消することになる（不登109条2項）。

(2) 仮登記に基づく所有権以外の権利の本登記

たとえば、抵当権設定の仮登記をした後、当該仮登記に基づく本登記をする前に、所有権移転登記がされた場合、当該仮登記に基づく抵当権設定の本登記をするためには、当該所有権移転登記を受けた利害関係を有する第三者の本登記承諾を証する情報または当該利害関係を有する第三者の本登記承諾の意思表示を命ずる確定判決等の情報を提供して、本登記の申請をすることになる（不登109条1項類推）（山野目『不動産登記法』337頁）。しかし、抵当権設定登記と所有権移転登記は、併存可能であるから、当該所有権移転登記は抹消されないと解される（山野目『不動産登記法』337頁）。

また、たとえば、地上権設定の仮登記をした後、当該仮登記に基づく本登記をする前に、他の第三者による地上権設定登記がされた場合、当該仮登記に基づく地上権設定の本登記をするためには、当該利害関係を有する第三者の本登記承諾を証する情報または当該利害関係を有する第三者の本登記承諾の意思表示を命ずる確定判決等の情報を提供して、本登記の申請をすることになる（不登109条1項類推）（山野目『不動産登記法』337頁・338頁）。そして、この場合、当該利害関係を有する第三者の地上権設定登記は、併存できないので、抹消されると解される（不登109条2項類推）（山野目『不動産登記法』338頁）。

6 仮登記の抹消

仮登記の抹消については、登記権利者と登記義務者の共同申請でもできる（山野目『不動産登記法』338頁）が、仮登記の登記名義人は、単独で、当該仮登記の抹消を申請することもできる（不登110条前段）。また、仮登記の登記名義人の承諾がある場合には、当該仮登記の登記上の利害関係人も、単独

で、当該仮登記の抹消を申請することができる（不登110条後段）。

第4　所有権保存登記

1　所有権保存登記の申請

(1)　所有権保存登記の単独申請

所有権保存登記申請は、登記共同申請の原則（本章本節第1・1（12頁）参照）の適用がなく、単独申請が認められる（不登74条1項）（山野目『不動産登記法』376頁、藤田ほか『不動産訴訟の実務〔七訂版〕』241頁）。

(2)　所有権保存登記申請ができる者

所有権保存登記は、以下の者以外の者は申請できない（不登74条1項）。

① 　表題部所有者またはその相続人その他の一般承継人（不登74条1項1号）

　　不動産の売主が表題部所有者となっている不動産を買い受けた者は、売主に代位して所有権保存登記申請をするすることができると解される（大判大5・2・2民録22輯74頁）（山野目『不動産登記法』379頁）。

② 　所有権を有することが確定判決によって確認された者（不登74条1項2号）

　　この確定判決は、判決全体から所有権を確認されるものであれば足り、必ずしも所有権の存在が主文で宣言されている必要はない（山野目『不動産登記法』379頁）。

　　また、この判決は、給付判決でも、確認判決でも足りる（大判大15・6・23民集5巻536頁）（山野目『不動産登記法』379頁・380頁）。

③ 　収用によって所有権を取得した者（不登74条1項3号）

(3)　所有権保存登記がされたときの表題部所有者の抹消

表題部所有者欄に記載のある表題登記がある不動産について所有権保存登記がされたときは、当該表題部所有者に関する登記事項は、抹消する記号を記録する（不登規158条）（本章第2節第1・3(1)（7頁）参照）。

2 所有権保存登記の抹消登記申請

保存登記の抹消登記手続は、不動産登記法上、所有権の登記名義人の単独申請によるのが原則である（不登77条）が、所有者ではないのに、所有権保存登記をしている者に対し、真実の所有者は、当該所有権保存登記の抹消登記請求権が認められる（第2章第4節Ⅲ第4・2（86頁）参照）（山野目『不動産登記法』386頁、藤田ほか『不動産訴訟の実務〔七訂版〕』241頁）。

第5 権利の更正登記

1 更正登記の意義

更正登記は、登記事項に錯誤または遺漏があった場合に当該登記事項を訂正する登記をいい（不登2条16号）（本章第1節第3・2（5頁）参照）、更正の前後を通じて登記としての同一性がある場合に限り認められるものである（最判平12・1・27判時1702号84頁）。登記の本質的部分それ自体が実体的に異なる場合は、更正登記による是正はできず、当該実体と異なる登記は実体的に無効であり、当事者としては、当該登記を抹消して、あらためて実体に適合する登記を申請しなければならない（山野目『不動産登記法』346頁）。

2 共有不動産と実体関係の異なる登記

共有不動産について、共有者の一人のために実体関係と異なる単独所有権取得の登記がされている場合、他の共有者は、更正登記手続をすることができるから、全部抹消を求めることはできない（最判昭38・2・22民集17巻1号235頁）[*4]。

[*4] 最判平22・4・20判時2078号22頁
　　AB共有に属する不動産につき、ABCを共有者とする所有権保存登記がされている場合における、AのCに対する当該所有権保存登記のうちCの持分に関する部分の抹消登記手続請求は、更正登記手続を求める趣旨を含むとして、以下のように判示した。
　　「共有不動産につき、持分を有しない者がこれを有するものとして共有名義の所有権保存登記がされている場合、共有者の1人は、その持分に対する妨害排除として、登記を実体的権利に合致させるため、持分を有しない登記名義人に対し、自己の持分についての更正登記手続を求めることができるにとどまり、他の共有者の持分についての更正登記手続までを求

しかし、たとえば、A名義の不動産につき、共同相続人Bが遺産分割により単独取得し、Bの相続人Yが相続したことを原因として、直接AからYに対して所有権移転登記が経由されているときに、Aの共同相続人であるXが遺産分割協議の成立を否定して登記を是正する方法として更正登記をしようとする場合、登記名義人をYとする登記を、①登記名義人を、Yが含まれないAの相続人とする登記（Aに関する相続）と、②登記名義人を、Bの相続人とする登記に更正する（Bに関する登記）ということを順次することになるが、この方法によると①の登記は登記名義人をYとする登記と登記名義人が異なることになるし、更正によって登記の個数も増えることになるから、登記名義人をYとする登記と更正後の登記とは同一性を欠くものといわざるを得ない。したがって、このような場合に更正登記手続をすることはできない。Yの主張する遺産分割協議の成立が認められない限り、登記名義人をYとする登記は実体関係と異なる登記であり、これを是正する方法として更正登記手続によることができないのであるから、Xは、Yに対し、当該不動産の共有持分権に基づき登記名義人をYとする登記の抹消登記手続をすることを求めることができるというべきであり、Yが当該不動産につき共有持分権を有するということは抹消登記手続請求を妨げる事由にはならない（最判平17・12・15判時1920号35頁）。

3　権利の更正登記と第三者

　権利の更正登記は、登記上の利害関係を有する第三者がいる場合はその承諾がある場合、あるいは当該第三者がいない場合に、付記登記によってすることができる（不登66条）。付記登記によって更正登記をすれば、更正に係る登記内容は、主登記の順位に従って第三者に対抗できることになる（不登4条2項）。

　　めることはできない」。

第6 権利に関する登記の抹消

1 権利に関する登記の抹消における利害関係を有する第三者の承諾

権利に関する登記の抹消は、登記上の利害関係を有する第三者がある場合には、当該第三者の承諾があるときに限り、申請することができる（不登68条）。

2 登記義務者の所在が知れない場合の登記の抹消

登記権利者は、登記義務者の所在が知れないため登記義務者と共同して権利に関する登記の抹消を申請することができないときは、非訟事件手続法99条に規定する公示催告の申立てをすることができる（不登70条1項）。

公示催告の手続において、除権決定があったときは、登記権利者は、単独で登記の抹消を申請することができる（不登70条2項）。

この公示催告の手続は、「一般の公示催告手続」と呼ばれ、その具体的手続等については、園部厚『書式　意思表示の公示送達・公示催告・証拠保全の実務〔第五版〕』（民事法研究会）第2編第3章（153頁〜）参照。

登記権利者が、登記義務者の所在が知れないため登記義務者と共同して権利に関する登記の抹消を申請することができない場合において、先取特権、質権または抵当権の被担保債権が消滅したことを証する情報として政令で定めるものを登記権利者が提供したときは、当該登記権利者は、単独でそれらの権利に関する登記の抹消を申請することができる（不登70条3項前段）。登記権利者が、登記義務者の所在が知れないため登記義務者と共同して権利に関する登記の抹消を申請することができない場合において、被担保債権の弁済期から20年を経過し、かつ、その期間を経過した後に当該被担保債権、その利息および債務不履行により生じた損害の全額に相当する金銭が供託されたときも、同様とされている（同条3項後段）。

この具体的手続については、園部・前掲『書式　意思表示の公示送達・公

示催告・証拠保全の実務〔第五版〕』第2編第3章Ⅲ3（159頁）・279頁〈参考資料5〉・281頁〈参考資料6〉参照。

第7 担保権に関する登記

1 保証人の弁済による代位の付記登記と第三取得者

保証人が抵当権等の被担保債権を弁済した場合は、当該弁済後に目的不動産を取得した第三者に対し、あらかじめ当該抵当権等の登記に代位の付記登記をしなければ、当該第三者に対して、抵当権等の債権者に代位することができない（民501条1号）が、第三取得者の目的不動産取得後に弁済をした保証人は、当該代位のために付記登記を要しない（最判昭41・11・18民集20巻9号1861頁）*5*6。

第8 地上権に関する登記

1 後順位地上権の設定登記

すでに地上権の登記がなされている不動産について、別の地上権設定登記が申請された場合、この申請は却下される（昭37・5・4民事甲1262号法務省民事局長回答・登記関係先例集追加Ⅲ860頁）。地上権は、排他的に土地を占有利用することを内容とする権利であり、そのような権利を複数登記することは公示として適切でないとされているのである（山野目『不動産登記法』402頁）。

---

* 5 　最判昭48・10・30民集27巻9号1304頁
　　　保証人が、代位弁済により抵当権を取得して抵当権者に対する抵当権処分禁止の仮処分の付記登記をした後抵当権移転の付記登記を経由したときは、当該保証人は、当該仮処分の付記登記後当該抵当権移転の付記登記前に当該抵当不動産を取得した第三者に対して、代位による抵当権の取得を対応することができると判示した。
* 6 　保証人は、代位弁済する前に、抵当権移転の仮登記をすることができ、保証人の代位弁済後抵当不動産が第三者に譲渡されて所有権移転登記がされた後に、当該保証人が当該代位弁済による当該抵当権移転の付記登記を申請しても却下されるとされている（山野目『不動産登記法』450頁）。

第2章　不動産登記関係紛争解決のための手続

第1節　相談窓口

第1　はじめに

不動産登記をめぐる紛争については、まず、民事の法律上の紛争に関する専門家である弁護士や司法書士等へ相談することが考えられる。

第2　宅地建物取引業保証協会の相談窓口

宅地建物取引業保証協会は、相手方等から同協会の社員である宅地建物取引業者の取り扱った宅地建物取引業に係る取引に関する苦情について解決の申し出があったときは、その相談に応じ、申出人に必要な助言をし、当該苦情に係る事情を調査するとともに、当該社員に対し当該苦情の内容を通知してその迅速な処理を求めなければならないとされている（宅建業64条の5第1項）。

宅地建物取引業保証協会は、当該申出に係る苦情の解決について必要があると認めるときは、当該社員に対し、文書もしくは口頭による説明を求め、または資料の提出を求めることができる（宅建業64条の5第2項）。当該社員は、宅地建物取引業保証協会から当該求めがあったときは、正当な理由がある場合でなければ、これを拒んではならない（宅建業64条の5第3項）。

宅地建物取引業保証協会は、当該申出およびその解決の結果について社員に周知させなければならない（宅建業64条の5第4項）。

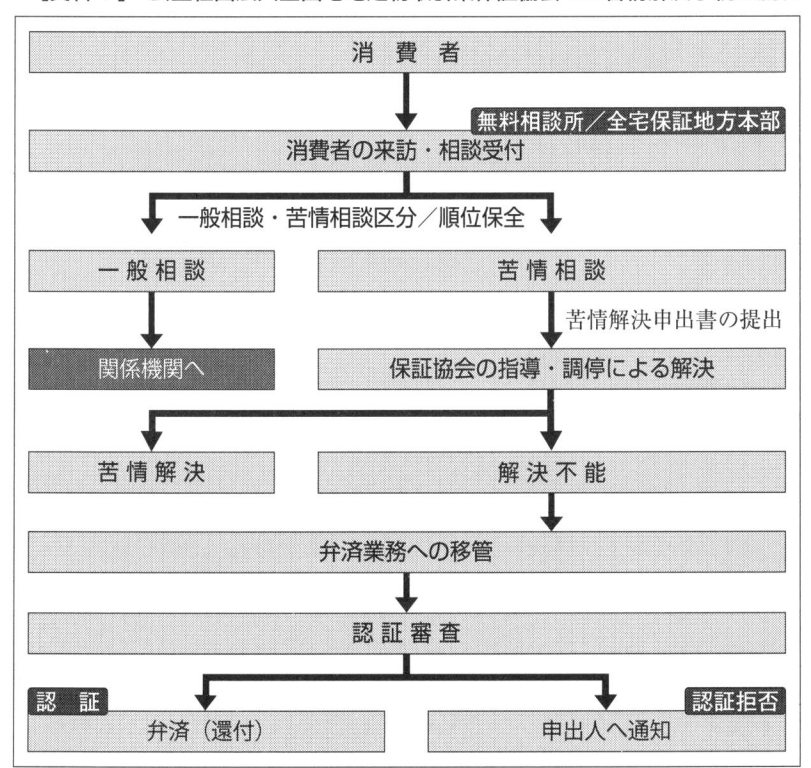

[資料１] 公益社団法人全国宅地建物取引業保証協会での苦情解決手続の流れ

```
                        消　費　者
                            │
                            ▼         無料相談所／全宅保証地方本部
                    消費者の来訪・相談受付
                            │
              ┌── 一般相談・苦情相談区分／順位保全 ──┐
              ▼                                        ▼
          一般相談                                  苦情相談
              │                                        │ 苦情解決申出書の提出
              ▼                                        ▼
          関係機関へ                          保証協会の指導・調停による解決
              │                              ┌─────────┴─────────┐
              ▼                              ▼                     ▼
          苦情解決                        苦情解決               解決不能
                                                                    │
                                                                    ▼
                                                            弁済業務への移管
                                                                    │
                                                                    ▼
                                                                認証審査
                                                     ┌──────────┴──────────┐
                                               認　証 ▼                     ▼ 認証拒否
                                                弁済（還付）             申出人へ通知
```

※　公益社団法人全国宅地建物取引業保証協会 HP を参考に作成

第2章 不動産登記関係紛争解決のための手続

[資料2] 公益法人全国宅地建物取引業保証協会の苦情解決業務窓口一覧（平成25年6月現在）

下記窓口は平日の午前9時から午後5時（ただし、土日祝日、年末年始、全国宅地建物取引業保証協会地方本部の休業日を除く）の間、事務が行われている。

全国宅地建物取引業保証協会地方本部	郵便番号	事務所所在地	電話番号
▼北海道・東北・甲信越			
北海道本部	060-0001	札幌市中央区北1条西17-1 北海道不動産会館	011-642-4422
青森本部	030-0861	青森市長島3-11-12 青森県不動産会館	017-722-5566
岩手本部	020-0127	盛岡市前九年1-9-30 岩手県不動産会館	019-646-1111
秋田本部	010-0942	秋田市川尻大川町1-33 秋田県不動産会館	018-865-1672
山形本部	990-0023	山形市松波1-10-1 山形県不動産会館	023-623-7502
宮城本部	980-0803	仙台市青葉区国分町3-4-18 宮城県不動産会館	022-266-0011
福島本部	960-8055	福島市野田町6-3-3 福島県不動産会館	024-531-3445
新潟本部	950-0084	新潟市中央区明石1-3-10 新潟県宅建会館	025-247-1177
長野本部	380-0836	長野市南県町999-10 長野県不動産会館	026-226-5454
山梨本部	400-0853	甲府市下小河原町237-5 山梨県不動産会館	055-243-4300
▼関　東			
茨城本部	310-0066	水戸市金町3-1-3 茨城県不動産会館	029-225-5300
栃木本部	320-0046	宇都宮市西一の沢町9-20 栃木県不動産会館	028-648-5611

群馬本部	379-2154	前橋市天川大島町1-4-37 群馬県不動産会館	027-243-3388
埼玉本部	330-0055	さいたま市浦和区東高砂町6-15 埼玉県宅建会館	048-811-1868
千葉本部	260-0024	千葉市中央区中央港1-17-3 千葉県不動産会館	043-241-6671
東京本部	102-0071	千代田区富士見2-2-4 東京不動産会館	03-3264-8000
神奈川本部	231-0013	横浜市中区住吉町6-76-3 神奈川県不動産会館	045-633-3035

▼中　部

富山本部	930-0033	富山市元町2-3-11 富山県不動産会館	076-425-5514
石川本部	921-8047	金沢市大豆田本町口46-8 石川県不動産会館	076-291-2255
福井本部	910-0004	福井市宝永4-4-3 福井県不動産会館	0776-24-0680
岐阜本部	500-8358	岐阜市六条南2-5-3 岐阜県不動産会館	058-275-1551
静岡本部	420-0839	静岡市葵区鷹匠3-18-16 静岡県不動産会館	054-246-1511
愛知本部	451-0031	名古屋市西区城西5-1-14 愛知県不動産会館	052-522-2575
三重本部	514-0008	津市上浜町1-6-1 三重県不動産会館	059-227-5018

▼近　畿

滋賀本部	520-0044	大津市京町3-1-3 逢坂ビル	077-524-5456
京都本部	602-0915	京都市上京区中立売通新町西入 三丁町453-3 京都府不動産会館	075-415-2121

第 2 章　不動産登記関係紛争解決のための手続

大阪本部	540-0036	大阪市中央区船越町 2 - 2 - 1 大阪府不動産会館	06-6943-0621
兵庫本部	650-0012	神戸市中央区北長狭通 5 - 5 -26 兵庫県不動産会館	078-382-0141
奈良本部	630-8133	奈良市大安寺 6 -20- 3 奈良県宅建会館	0742-61-4528
和歌山本部	640-8323	和歌山市太田143- 3 和歌山県不動産会館	073-471-6000
▼中国・四国			
鳥取本部	680-0036	鳥取市川端 2 -125 鳥取県不動産会館	0857-23-3569
島根本部	690-0063	松江市寺町210- 1 島根県不動産会館	0852-23-6728
岡山本部	700-0023	岡山市北区駅前町 2 - 5 -28 岡山県不動産会館	086-222-2131
広島本部	730-0046	広島市中区昭和町11- 5 広島県不動産会館	082-243-0011
山口本部	754-0021	山口市小郡黄金町 5 -16 山口県不動産会館	083-973-7111
徳島本部	770-0941	徳島市万代町 5 - 1 - 5 徳島県不動産会館	088-625-0318
香川本部	760-0067	高松市松福町 1 -10- 5 香川県不動産会館	087-823-2300
愛媛本部	790-0807	松山市平和通 6 - 5 - 1 愛媛不動産会館	089-943-2184
高知本部	780-0901	高知市上町 1 - 9 - 1 高知県不動産会館	088-823-2001
▼九州・沖縄			
福岡本部	812-0054	福岡市東区馬出 1 -13-10 福岡県不動産会館	092-631-1717
佐賀本部	840-0804	佐賀市神野東 4 - 1 -10	0952-32-7120

第1節　相談窓口

		佐賀県不動産会館	
長崎本部	852-8105	長崎市目覚町3-19 長崎県不動産会館	095-848-3888
熊本本部	862-0950	熊本市中央区水前寺6-1-31 熊本県不動産会館	096-213-1355
大分本部	870-0025	大分市顕徳町2-4-15 大分県不動産会館	097-536-3758
宮崎本部	880-0862	宮崎市潮見町20-1 宮崎県不動産会館	0985-26-4522
鹿児島本部	890-0052	鹿児島市上之園町24-4 鹿児島県不動産会館	099-252-7111
沖縄本部	900-0021	那覇市泉崎1-12-7 沖縄県不動産会館	098-861-3402

※　公益社団法人全国宅地建物取引業保証協会HPより

第3　法務局の登記電話相談室

　法務局によっては、不動産等の登記申請についての、電話による相談窓口を設けているところもある。

　その相談の内容は、不動産登記申請についての一般的な説明にとどまることになると思われる。

　序章等で述べたように、不動産登記手続を求める債務は、金銭の支払いを求める債務等と違い、特殊なものであり、その登記の方法、訴訟における請求の表示、判決等に基づく登記申請の際の登記の目的（訴訟における請求の趣旨に表示することになる）や添付情報などについて、わかりづらいところもあり、それらについて解決することが紛争の解決につながることもあると思われるので、それらの点についてわからないことがあれば、法務局の電話による相談窓口に相談をしてみるのもよいと思われる（［資料3］は東京法務局の例）。

第1節　相談窓口

[資料3]　東京法務局「登記電話相談室」について

登記電話相談室

東京法務局内の支局・出張所（本局管轄を除く）に**不動産登記**及び**商業・法人登記**の申請をするに当たっての「一般的な説明を内容とする」電話相談を受け付けています。

☎ **03(5913)2525**

相談受付時間　平日：午前8時30分から午後5時00分まで
※午前11時45分から午後1時45分までは，お電話が混雑しており，つながりにくくなっておりますので，ご了承ください。

例えば，
- 土地・建物の相続登記
- 抵当権の抹消登記
- 会社・法人の役員変更登記

...など

※自動音声でご案内します。
「商業・法人登記」に関するご相談は「6」を
「不動産登記」に関するご相談は「9」を選択してください。
※トーン信号へ切り替えのできる電話機をご使用の場合には，「＊」又は「＃」ボタンを押してから，ご希望の番号（お問い合わせ先）を選択してください。
トーン信号を認識しない電話機（回転ダイヤル式電話機，プッシュ信号が出せない電話機やIP電話）など一部の電話機では，音声でご案内した番号が選択できない場合があります。その際は，登記電話相談室に電話がつながりますので，ご了承ください。
※「地番照会」については，取り扱っておりませんので，管轄登記所（自動音声「1番」選択）へお問い合わせ下さい。

※　東京法務局支局・出張所における自動音声によるご案内について

東　京　法　務　局

35

第2章 不動産登記関係紛争解決のための手続

東京法務局支局・出張所へのお電話でのお問い合わせについて

東京法務局の各支局・出張所（府中支局を除く。）にお電話をされますと

↓

自動音声でご案内します。「1番」・「2番」・「3番」のいずれかを選択してください。
【ご注意】
・トーン信号へ切り替えのできる電話機をご使用の場合には、「＊」又は「＃」ボタンを押してから、ご希望の番号（お問い合わせ先）を選択してください。
・トーン信号を認識しない電話機（回転ダイヤル式電話機、プッシュ信号が出せない電話機やIP電話）など一部の電話機では、音声でご案内した番号が選択できない場合があります。その際は、登記電話相談室に電話がつながりますので、ご了承ください。

「1番」を選択	「2番」を選択	「3番」を選択
各種証明書、地番照会、道案内に関するお問い合わせ	登記申請に関する一般的なご相談	登記の補正、登記完了に関するお問い合わせ等（※）

↓ 自動転送 ↓

（支局・出張所）
乙号事務受託業務従事者がお受けします。

（支局・出張所）
担当職員がお受けします。

（東京法務局登記電話相談室）
☎03-5913-2525

「商業・法人登記」に関するご相談は「6番」
「不動産登記」に関するご相談は「9番」を選択してください。
相談室の職員がご相談をお受けします。

【相談受付時間】　平日：午前8時30分から午後5時00分まで
【ご注意】
・トーン信号へ切り替えのできる電話機をご使用の場合には、「＊」又は「＃」ボタンを押してから、ご希望の番号（お問い合わせ先）を選択してください。
・トーン信号を認識しない電話機（回転ダイヤル式電話機、プッシュ信号が出せない電話機やIP電話）など一部の電話機では、音声でご案内した番号が選択できない場合があります。その際は、登記電話相談室に電話がつながりますので、ご了承ください。

※ 相談内容により電話での一般的な説明が困難な個別的なご相談については、管轄登記所の窓口相談をご利用ください。

※ 西多摩支局・八王子支局への人権・戸籍・供託など登記以外の業務に関するお問い合わせは、「3番」を選択してください。

第1節　相談窓口

```
┌─────────────────────────────────────────────────────────────┐
│        東京法務局府中支局にお電話をされますと                │
└─────────────────────────────────────────────────────────────┘
                              ↓

自動音声でご案内します。「1番」・「2番」・「3番」・「4番」のいずれかを選択してください。
【ご注意】
・トーン信号へ切り替えのできる電話機をご使用の場合には，「＊」又は「＃」ボタンを押してから，ご希望の番号（お問い合わせ先）を選択してください。
・トーン信号を認識しない電話機（回転ダイヤル式電話機，プッシュ信号が出せない電話機やIP電話）など一部の電話機では，音声でご案内した番号が選択できない場合があります。その際は，登記電話相談室に電話がつながりますので，ご了承ください。

| 「1番」を選択 | 「2番」を選択 | 「3番」を選択 | 「4番」を選択 |
|---|---|---|---|
| 各種証明書，地番照会，道案内に関するお問い合わせ | 登記申請に関する一般的なご相談 | 登記の補正，登記完了に関するお問い合わせ | 登記以外の事務に関するお問い合わせ |

| （支局） | 自動転送 | （支局） | （支局） |
|---|---|---|---|
| 乙号事務受託業務従事者がお受けします。 | | 担当職員がお受けします。 | 担当職員がお受けします。 |

　　　　　　（東京法務局登記電話相談室）
　　　　　　☎03-5913-2525

　　「商業・法人登記」に関するご相談は「6番」
　　「不動産登記」に関するご相談は「9番」を選択してください。
　　　　　　　相談室の職員がご相談をお受けします。

【相談受付時間】　　平日：午前8時30分から午後5時00分まで

【ご注意】
・トーン信号へ切り替えのできる電話機をご使用の場合には，「＊」又は「＃」ボタンを押してから，ご希望の番号（お問い合わせ先）を選択してください。
・トーン信号を認識しない電話機（回転ダイヤル式電話機，プッシュ信号が出せない電話機やIP電話）など一部の電話機では，音声でご案内した番号が選択できない場合があります。その際は，登記電話相談室に電話がつながりますので，ご了承ください。

※　相談内容により電話での一般的な説明が困難な個別的なご相談については，管轄登記所の窓口相談をご利用ください。
```

　自動音声によるご案内は，登記簿等の公開に関する事務（以下「乙号事務」という。）の包括的民間委託（競争の導入による公共サービスの改革に関する法律（平成18年法律第51号）第33条の2参照）の導入に伴い，乙号事務を実施する事業者が，登記事項証明書，印鑑証明書，地図の写し等の交付に関する事務のお問い合わせを，専属的に電話対応する必要があることから導入しました。
　お客様からのお問い合わせを，音声ガイダンスに従いお客様自身が番号を選択していただくことにより，法務局内の希望する係へ振り分け，担当係にスムーズにおつなぎするものです。

第 2 章　不動産登記関係紛争解決のための手続

第 2 節　民事保全手続

第 1　はじめに

　不動産登記に関する紛争について、「相談」や「民事調停」等を通しての話合いによる解決が見込めない場合、最終的には、訴訟を提起しなければならない。その訴訟では、請求認容判決を得るまでには、相手方被告が出頭できる口頭弁論期日の指定をし、その期日で当事者双方が主張立証をし、原告側が、必要な主張をし、それについて争いがあれば、担当裁判官がその事実について確信を得た状態とするための証明をしなければならず、そのためには時間がかかることになる。そして、不動産登記関係の訴訟においては、認容判決を得るまでに所有権移転登記等がなされると、その新たな登記名義人等を相手に訴訟を提起しなければならないことになるなど、従前の訴訟手続が無駄になってしまうことがある。そこで、そのようなことがないように、訴訟提起前に、登記手続請求をする対象不動産について、担当裁判官が対象事実等について一応確からしいという程度の心証を得た状態である疎明により発令を受けることができる、保全処分（処分禁止の仮処分）をすることにより、その後に対象不動産について名義変更等の登記がなされても、その後の訴訟における認容判決に基づいて、目的の登記手続ができることになるのである。

第 2　所有権に基づく処分禁止の仮処分

1　所有権に基づく処分禁止の仮処分の意義

　X が Y から不動産を購入したが、当該不動産の Y から X への所有権移転登記が任意になされない場合、X としては Y に対し、当該不動産の所有権移転登記請求の訴訟等を提起するなどしなければならないが、当該登記請求について Y が争えば、X としては当該登記請求権の存在を立証しなければ

ならず、そうなると、当該訴訟においてYからXへの当該不動産についての所有権移転登記手続を命ずる認容判決を得るまでには時間がかかり、それまでにYが当該不動産を第三者Aに売却して所有権移転登記手続をしてしまうと、Xの当該不動産についての所有権取得を第三者Aに対抗することができないことになってしまう（民177条）。

そこでこのような場合、当該不動産に関する権利（所有権）についての登記を請求する権利を保全するために、処分禁止の仮処分をすることができる（民保53条）。当該仮処分命令は、保全すべき権利および保全の必要性について証明（担当裁判官が対象事実等の存否について確信を得た状態）することなく、疎明（担当裁判官が対象事実等の存否について一応確からしいという程度の心証を得た状態）[*7]する（民保13条）ことによって裁判所から同命令の発令を受け、それに基づき裁判所から当該不動産についての処分禁止の登記嘱託をすることができ、訴訟における認容判決を得るより、迅速に発令等を受けることができるのである。

なお、仮登記請求権を被保全権利とする処分禁止の仮処分はできないとされている（民保53条1項かっこ書）。

【書式1】 不動産処分禁止仮処分申立書（一般型）（所有権移転登記請求権）

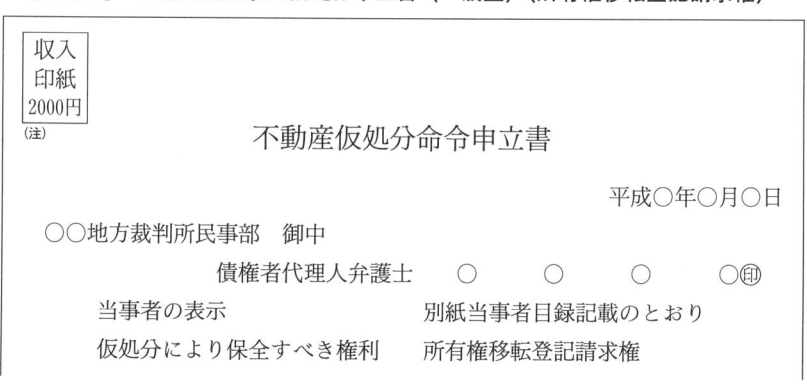

```
┌─────────────────────────────────────────────┐
│ 収入                                          │
│ 印紙         不動産仮処分命令申立書             │
│ 2000円                                        │
│ （注）                          平成○年○月○日 │
│                                              │
│   ○○地方裁判所民事部　御中                    │
│           債権者代理人弁護士　○　○　○　○㊞   │
│       当事者の表示         別紙当事者目録記載のとおり │
│       仮処分により保全すべき権利　所有権移転登記請求権 │
└─────────────────────────────────────────────┘
```

＊7　疎明は、即時に取り調べることができる証拠によって行う（民訴188条準用）。

申立ての趣旨

債務者は，別紙物件目録記載の不動産について，譲渡並びに質権，抵当権及び賃借権の設定その他一切の処分をしてはならない。

申立ての理由

第1 被保全権利
1 債権者は，平成○年○月○日，債務者から，別紙物件目録記載の不動産（以下「本件不動産」という。）(甲1)を，代金○○○○万円で買い受け（以下「本件売買」という。）(甲2)，同日同代金を支払った(甲3)。
2 債権者は，前項の期日から1週間以内に，本件不動産について，本件売買を原因とする所有権移転登記手続をする旨約したが，未だ同登記手続はなされていない(甲4)。
3 (被保全権利のまとめ)
　よって，債権者は，債務者に対し，本件不動産について，本件売買を原因とする所有権移転登記請求権を有する。
第2 保全の必要性
　1 ・・・・・・・・
　2 ・・・・・・・・

疎明方法

甲1　不動産登記事項証明書
甲2　不動産売買契約書
甲3　領収書
甲4　報告書

添付書類

甲号証　　　　各1通
評価額証明書　1通
資格証明書　　1通
訴訟委任状　　1通

当事者目録

〒○○○−○○○○　○○県○○市○○町○丁目○番○号
　　　　　　　　　　債　権　者　　○○株式会社
　　　　　　　　　　代表者代表取締役　○　○　○　○
〒○○○−○○○○　○○県○○市○○町○丁目○番○号○○ビル○階
　　　　　　　　　　　　　　　　　　　　　（送達場所）
　　　　　　　　　　電話　○○○（○○○）○○○○
　　　　　　　　　　Fax　○○○（○○○）○○○○
　　　　　　　　　　債権者代理人弁護士　○　○　○　○
〒○○○−○○○○　○○県○○市○○町○丁目○番○号
　　　　　　　　　　債　務　者　　○　○　○　○

物件目録

1　所　　　在　○○市○○町○丁目
　　地　　　番　○番○
　　地　　　目　宅地
　　地　　　積　○○○.○○m²

2　所　　　在　○○市○○町○丁目○番地○
　　家屋番号　○番○
　　種　　　類　居宅
　　構　　　造　軽量鉄骨スレート葺2階建
　　床　面　積　1階　○○.○○m²
　　　　　　　　2階　○○.○○m²

(**注**)　仮処分申立書には、申立手数料として、2000円の収入印紙をはって納める（民訴費3条1項別表第1・11の2ロ、8条）。

第2章　不動産登記関係紛争解決のための手続

【書式2】　不動産処分禁止仮処分決定・一般型

仮処分決定

　　　当事者の表示　　別紙当事者目録記載のとおり
　上記当事者間の平成○年(ヨ)第○○○号仮処分命令申立事件について，当裁判所は，債権者の申立てを相当と認め，債権者に，
別紙担保目録記載のとおり
の担保を立てさせて，次のとおり決定する。

主　　　文

　債務者は，別紙物件目録記載の不動産について，譲渡並びに質権，抵当権及び賃借権の設定その他一切の処分をしてはならない。
　平成○年○月○日
　　　　　　○○地方裁判所民事部
　　　　　　　　裁判官　○　　　○　　　○　　　○㊞

(注)　別紙当事者目録、担保目録、物件目録省略。

2　処分禁止の登記に後れる登記の抹消

　処分禁止の登記後に、処分禁止の登記に後れる登記がなされ（上記1の事例において、処分禁止の登記後にYからAに所有権移転登記がなされ）、上記1の事例でYからXに対する当該不動産についての所有権移転登記手続を命ずる確定判決を得て、当該債務名義に基づいてYからXに対する当該不動産についての所有権移転登記手続をする際に、Xは単独で、YからAへの所有権移転登記を抹消することができる（不登111条1項）。

　この抹消登記を申請する際には、あらかじめ当該登記の権利者に対し、その旨の通知をしなければならず（民保59条1項）、この通知をしたことを証する情報を添付しなければならない（不登令7条1項6号別表71）。この通知は、単に発したことを証するだけでは足りず、相手方に到達したことを証することを要する。ただ、この通知は、登記記録上の住所・事務所にあててすれば

42

足り、かつ発した日から1週間経過すれば、その経過時に到達したものとみなされる（民保59条2項）ので、登記申請が通知を発した日から1週間を経過した後にする場合は、到達の証明を要しない（山野目『不動産登記法』325頁）。

なお、上記1の事例で、処分禁止の仮処分ではなく、不動産登記法108条の仮登記を命ずる処分を得て、Xのための仮登記を得ておくこともできる。しかし、この場合、仮登記処分に基づく仮登記がされた後、当該仮登記に基づく本登記をする際、当該仮登記後にYからAへの所有権移転登記がされている場合の抹消登記手続（不登109条2項）をするには、Aの承諾または承諾に代わるAに対する判決を得なければならない（不登109条1項）。

第3　所有権以外の権利に基づく処分禁止の仮処分

1　所有権以外の権利に基づく処分禁止の仮処分の意義

XがY所有の不動産に抵当権を設定したが、当該抵当権設定登記が任意になされない場合、XとしてはYに対し、当該不動産の抵当権設定登記請求の訴訟等を提起するなどしなければならないが、当該登記請求についてYが争えば、Xとしては当該登記請求権の存在を立証しなければならず、そうなると、当該訴訟においてYに対し当該不動産についての抵当権設定登記手続を命ずる認容判決を得るまでには時間がかかり、それまでにYが当該不動産を第三者Aに売却して所有権移転登記手続をしてしまうと、Xの当該不動産についての抵当権設定を第三者Aに対抗することができないことになってしまう（民177条）。

そこでこのような場合、当該不動産に関する抵当権についての登記を請求する権利を保全するために、処分禁止の仮処分をすることができる（民保53条）。この場合の仮処分の執行は、処分禁止の登記とともに、仮処分による仮登記〔保全仮登記〕をする（乙区欄にXのための抵当権設定の保全仮登記を

行う）方法により行う（民保53条2項）。当該仮処分命令は、保全すべき権利および保全の必要性について証明（担当裁判官が対象事実等の存否について確信を得た状態）することなく、疎明（担当裁判官が対象事実等の存否について一応確からしいという程度の心証を得た状態）[*8]する（民保13条）ことによって発令を受け、それに基づき当該不動産に保全仮登記をすることができ、訴訟における認容判決を得るより、迅速に発令等を受けることができるのである。

【書式3】 不動産処分禁止仮処分申立書（保全仮登記併用）（根抵当権設定登記請求権）

収入印紙 2000円
(注)

不動産仮処分命令申立書

平成○年○月○日

○○地方裁判所民事部　御中

　　　　　債権者代理人弁護士　　○　　○　　○　　○㊞

　　　当事者の表示　　　　　　　別紙当事者目録記載のとおり
　　　仮処分により保全すべき権利　根抵当権設定登記請求権

申立ての趣旨

　債務者は，別紙物件目録記載の不動産について，譲渡並びに質権，抵当権及び賃借権の設定その他一切の処分をしてはならない。

申立ての理由

第1　被保全権利
　1　債権者は，・・・の販売等をする会社であるが，平成○年○月○日，債務者との間で，○○○の継続的販売契約を締結した（甲1）。
　2　債権者は，平成○年○月○日，上記契約に関して生じた債権を担保する

---

*8　疎明は、即時に取り調べることができる証拠によって行う（民訴188条準用）。

ため，債務者との間で，債務者所有の別紙物件目録記載の不動産（以下「本件不動産」という。）（甲2）に，極度額○○○○万円の根抵当権（以下「本件根抵当権」いう。）を設定する旨合意した（甲3）。
3 （被保全権利のまとめ）
　よって，債権者は，債務者に対し，本件不動産について，別紙登記目録記載の本件根抵当権設定登記請求権を有する。
第2　保全の必要性
　1　・・・・・・・・
　2　・・・・・・・・

疎 明 方 法

　甲1　　継続的商品売買契約書
　甲2　　不動産登記事項証明書
　甲3　　根抵当権設定契約書
　甲4　　顧客伝表
　甲5　　報告書

添 付 書 類

甲号証　　　各1通
評価額証明書　1通
資格証明書　　1通
訴訟委任状　　1通

当事者目録

〒○○○－○○○○　○○県○○市○○町○丁目○番○号
　　　　　　　　　債　権　者　　○　○　株　式　会　社
　　　　　　　　　代表者代表取締役　○　○　○　○
〒○○○－○○○○　○○県○○市○○町○丁目○番○号○○ビル○階
　　　　　　　　　　　　　　　　　　　　　　（送達場所）
　　　　　　　　　電話　○○○（○○○）○○○○

45

```
                    Fax   ○○○（○○○）○○○○
                 債権者代理人弁護士  ○  ○  ○  ○
〒○○○－○○○○  ○○県○○市○○町○丁目○番○号
                 債  務  者    ○  ○  ○  ○
```

物 件 目 録

1 所　　　在　○○市○○町○丁目
　地　　番　○番○
　地　　目　宅地
　地　　積　○○○．○○m²

2 所　　　在　○○市○○町○丁目○番地○
　家屋番号　○番○
　種　　類　居宅
　構　　造　軽量鉄骨スレート葺2階建
　床 面 積　1階　○○．○○m²
　　　　　　2階　○○．○○m²

登 記 目 録

登記の目的　根抵当権設定
原　　因　平成○年○月○日
極 度 額　○○○○万円
債権の範囲　平成○年○月○日付継続的商品売買契約
債　務　者　○○市○○町○丁目○番○号　○　○　○　○
根抵当権者　○○市○○町○丁目○番○号　○○株式会社

（注）　仮処分申立書には、申立手数料として、2000円の収入印紙をはって納める（民訴費3条1項別表第1・11の2ロ、8条）。

第2節　民事保全手続

【書式4】　不動産処分禁止仮処分決定・保全仮登記併用型

仮処分決定

　　　当事者の表示　　別紙当事者目録記載のとおり
　上記当事者間の平成○年(ヨ)第○○○号仮処分命令申立事件について，当裁判所は，債権者の申立てを相当と認め，別紙物件目録記載の不動産について，債権者の債務者に対する別紙登記目録記載の登記の請求権を保全するため，債権者に，
別紙担保目録記載のとおり
の担保を立てさせて，次のとおり決定する。

　　　　　　　　主　　　　　文

　債務者は，別紙物件目録記載の不動産について，譲渡並びに質権，抵当権及び賃借権の設定その他一切の処分をしてはならない。
　平成○年○月○日
　　　　○○地方裁判所民事部
　　　　　　　裁判官　　○　　　○　　　○　　　○㊞

（注）　別紙当事者目録、物件目録、登記目録、担保目録省略。

2　保全仮登記に基づく本登記

　上記1の事例で、XがYに対し、不動産に対する抵当権設定登記手続を命ずる確定判決等の債務名義を得た場合、当該債務名義に基づいて、Xは、保全仮登記を本登記する方法によって権利の実現をする（民保58条3項）。このように、保全仮登記に基づいて本登記をした場合は、当該本登記の順位は、当該保全仮登記の順位によることになる（不登112条）[9][10]。

＊9　保全仮登記に基づく本登記がされても、当該保全仮登記は抹消されない（山野目『不動産登記法』327頁）。

＊10　保全仮登記に係る権利の表示が、当該保全仮登記に基づく本登記をすべき旨の判決等の債務名義における権利の表示と符合しない場合、保全裁判所は、仮処分債権者の申立てにより、その命令を更正し、当該更正決定が確定したときに、裁判所書記官は、保全仮登記の更正の嘱託をする（民保60条）（山野目『不動産登記法』327頁）。

47

第3節　民事調停手続

第1　民事調停の申立て

　民事調停は、民事に関する紛争について、当事者間の互譲によって、条理にかない実情に即した解決を図ることを目的としたものである（民調1条）。
　話合い等をせずにいきなり訴訟を提起すると、相手方の感情を害し、当該当事者間の信頼関係が壊されてしまうことになりかねない。そこで、相手方と、今後とも良好な関係を保ちたいと考えている場合は、まず、当事者間での話合いをし、それでもだめなら裁判所を通しての話合いである調停の申立てをすることが相当であると思われる。
　調停の申立てをする際には、契約書等の相手方から交付された書面等の申立ての趣旨および紛争の要点を明らかにする証拠書類がある場合は、その原本または写しを申立書に添付すべきである（民調規3条）。

【書式5】　調停申立書

調停事項の価額　　　　　　　　　円 ちょう用印紙額　　　　　　　　　円 予納郵便切手額　　　　　　　　　円	受　付　印
調　停　申　立　書 　　　　　　簡易裁判所　御中	
平成　　年　　月　　日	
申立人の住所・氏名・電話番号等（氏名の末尾に押印すること） 　〒	

相手方の住所・氏名・電話番号等
　〒

|申　立　の　趣　旨|
1　相手方　　　　は，申立人　　　　に対し，

第2章 不動産登記関係紛争解決のための手続

紛　争　の　要　点
1

第2　民事調停の管轄（申立裁判所）

　民事調停事件は、基本的には、相手方の住所、居所、営業所もしくは事務所の所在地を管轄する簡易裁判所に申し立てることになる（民調3条1項前段）。当事者間で合意すれば、当事者が合意で定めた地方裁判所または簡易裁判所に申し立てることができる（民調3条1項後段）。

第3　調停調書の効力

　調停が成立した場合、その調停調書は、裁判上の和解と同一の効力を有し（民調16条）、確定判決と同一の効力を有することになり（民訴267条）、債務者の財産に対する強制執行をすることができる文書である債務名義となる（民執22条7号）。

第4　調停不成立の場合の訴訟の提起

　調停申立人が調停不成立の通知を受けた日から2週間以内に調停の目的となった請求について訴えを提起したときは、調停申立時にその訴えの提起があったものとみなされる（民調19条）。そして、調停申立時に納付した手数料額は、訴え提起の段階では納めたものとみなされ（民訴費5条1項）、訴え提起の際に納付すべき手数料額から控除することができる。この場合、訴え提起時に、当該調停の内容、納めた手数料額および不成立の通知を受けた日について証明書を添付する必要がある。

第4節　不動産登記関係訴訟手続

I　訴訟手続一般

第1　訴訟手続の種類

1　訴訟手続

　裁判所における訴訟手続には、通常訴訟と少額訴訟（民訴6編）がある。少額訴訟は、訴訟の目的の価額が60万円以下の金銭の支払請求を目的とするものについて行うことができるのであり、不動産に関する登記手続請求が少額訴訟でなされることはない。そのほかに、債権者の一方的主張に基づき、相手方である債務者の主張を聞かずに（民訴386条1項）、裁判所書記官が支払督促を発令する特別訴訟（略式訴訟）である督促手続がある（民訴7編）が、督促手続は、金銭その他の代替物または有価証券の一定数量の給付を目的とする請求についてなされるものであり（民訴382条本文）、不動産に関する登記手続請求が督促手続でなされることはない。

　したがって、不動産の登記手続関係の紛争について訴訟を提起する場合は、通常訴訟を提起することになる。

2　通常訴訟手続

　不動産の登記手続関係の紛争については、その債権者の請求に争いがあり、その点について、ある程度の裁判所の判断がないと話合いもできないようなものについては、民事調停等の話合いの手続や督促手続をとることなく、通常訴訟手続をすることもできる。ただ、相手方との関係が今後も続くような場合は、いきなり訴訟を提起するよりは、最初は、裁判所による話合いである調停を申し立てたほうが、相手方の感情を害することが少なく、今後の人間関係を円滑にする方向に行く可能性が高いと思われる。

なお、登記の対象となる不動産について、登記の所有名義の変更がされるおそれがある場合は、訴訟手続の前に、民事保全（処分禁止の仮処分）を検討すべきである（本章第2節（38頁以下）参照）。

第2　訴訟事件の管轄〜訴訟事件の申立裁判所

1　事物管轄〜訴えを提起する第一審裁判所

(1)　通常訴訟の事物管轄〜通常訴訟の第一審裁判所

通常事件の事物管轄は、訴訟物の価額が140万円を超えない事件は簡易裁判所に（裁判所法33条1項1号）、それ以外の事件は地方裁判所に（裁判所法24条1号前段）、それぞれ管轄権があり、それぞれの裁判所に申立てをすることになる。ただ、不動産に関する訴訟については、訴訟物の価格が140万円を超えない事件についても、地方裁判所に管轄権が認められており（裁判所法24条1号後段）、訴訟物の価格が140万円を超えない不動産に関する訴訟については、簡易裁判所と地方裁判所が競合して管轄権を有することになる。

(2)　訴訟物の価額〔訴額〕の算定

ア　訴訟物の価額〔訴額〕の算定

訴訟物の価額〔訴額〕は、訴えをもって主張する利益によって算定する（民訴8条1項）。

イ　所有権移転登記請求の場合

所有権移転登記請求の場合は、目的物（不動産）の価格によって算定する（訴額算定基準通知8）。価格の認定に関しては、固定資産税の課税標準となる価格について所管公署のこれを証明する書面を提出させる等の方法により、適宜当事者に証明させる。土地を目的とする訴訟の目的物の算定基準については、平成6年4月1日から当分の間、受付事務に関しては、固定資産税に2分の1を乗じて得た金額を基準とする（平6・3・28民二79号最高裁民事局長通知「土地を目的とする訴訟の訴訟物の価額の算定基準について」）。

したがって、所有権移転登記請求訴訟の場合は、市区町村役場発行の目的

53

物(不動産)の固定資産評価額証明書を、訴状に添付することになる。

ウ 所有権移転登記抹消登記手続請求の場合

所有権移転登記抹消登記手続請求の場合の訴額は、目的不動産価額の2分の1の額である(『民実講義案Ⅰ〔四訂補訂版〕』45頁ア、藤田ほか『不動産訴訟の実務〔七訂版〕』109頁(6))。

所有権移転登記の抹消登記手続請求に代えて、真正な所有者から登記名義人に対して所有権移転登記手続を求める真正な登記名義回復を原因とする所有権移転登記手続請求の場合も、実体的に無効な登記を存続させることによって所有権を妨害した状態の排除を求めるものとして、目的不動産の価額の2分の1の額を訴額とするのが妥当である(訴額算定基準通知7(1)(所有権に基づく物の引渡(明渡)請求権の場合)参照)(『訴額算定研究〔補訂版〕』82頁(2)、『民実講義案Ⅰ〔四訂補訂版〕』45頁、藤田ほか『不動産訴訟の実務〔七訂版〕』106頁・107頁)。

エ 仮登記に基づく本登記手続請求の場合

所有権に基づく仮登記の本登記手続請求の場合の訴額は、目的不動産価額の2分の1の額である(『訴額算定研究〔補訂版〕』85頁・86頁、『民実講義案Ⅰ〔四訂補訂版〕』45頁、藤田ほか『不動産訴訟の実務〔七訂版〕』107頁)。

所有権以外の地上権・賃借権に関する仮登記の本登記手続の場合の訴額は、目的不動産の価額の4分の1の額である(『訴額算定研究〔補訂版〕』86頁・87頁、藤田ほか『不動産訴訟の実務〔七訂版〕』107頁・108頁)。

オ 所有権移転仮登記の抹消登記手続請求の場合

所有権移転仮登記の抹消登記手続請求の場合の訴額は、目的不動産価額の2分の1の額である(最判昭44・6・24民集23巻7号1109頁)(『訴額算定研究〔補訂版〕』94頁、『民実講義案Ⅰ〔四訂補訂版〕』45頁イ、藤田ほか『不動産訴訟の実務〔七訂版〕』110頁)。

カ 担保物権の設定・移転登記手続請求の場合

担保物権の設定・移転登記手続請求の場合の訴額は、目的不動産の価額で

あり、被担保債権の額のほうがそれより低額の場合は被担保債権の額である（訴額算定基準通知5（担保物権の場合）準用）（『訴額算定研究〔補訂版〕』83頁、藤田ほか『不動産訴訟の実務〔七訂版〕』108頁(5)）*11。

キ　担保物権設定登記の抹消登記手続請求の場合

担保物権設定登記の抹消登記手続請求の場合の訴額は、目的不動産の価額の2分の1の額であり、被担保債権の額のほうがそれより低額の場合は被担保債権の額（元本額のみによる。確定前の根抵当権にあっては、極度額による（『民実講義案Ⅰ〔四訂補訂版〕』45頁（注2）））である（『訴額算定研究〔補訂版〕』91頁、『民実講義案Ⅰ〔四訂補訂版〕』45頁ウ、藤田ほか『不動産訴訟の実務〔七訂版〕』109頁(8)）*12。

ク　地上権または賃借権設定登記の抹消登記手続の場合

地上権または賃借権設定登記の抹消登記手続の場合の訴額は、目的不動産の価額の2分の1の額である（『訴額算定研究〔補訂版〕』83頁、『民実講義案Ⅰ〔四訂補訂版〕』45頁エ、藤田ほか『不動産訴訟の実務〔七訂版〕』109頁）。

ケ　登記引取請求の場合

移転登記の登記義務者から登記権利者に対して、登記手続申請に協力を求める登記引取請求の場合の訴額は、訴え提起時における1年分（当該年度分）の固定資産税額とするのが相当である（『訴額算定研究〔補訂版〕』82頁(3)）。

コ　数個の請求を併合する場合の訴訟物の価額〔訴額〕

(ｱ)　原　則

一つの訴えで数個の請求を併合する場合、その価額を合算したものを、訴訟物の価額〔訴額〕とする（民訴9条1項本文）。

---

*11　優先担保物権の存在による価額の修正については、優先担保物権の価額を控除する説、優先担保権の価額等の事情を総合勘案して修正するとする説、優先担保権の価額を控除しないとする説などがある（『訴額算定研究〔補訂版〕』83頁・84頁）。

*12　優先担保物権の存在による価額の修正については、担保物権の設定・移転登記手続請求の場合と同様の問題がある（前記カ*11参照）（『訴額算定研究〔補訂版〕』92頁・93頁）。

(イ) 例　外

　　a　主張する利益が共通する場合

　主張する利益が各請求について共通であるときは、その価額を、訴訟物の価額〔訴額〕に合算しない（民訴9条1項ただし書）。

　所有権に基づく妨害排除請求権としての所有権移転登記および抵当権設定登記の抹消登記手続請求の場合、あるいは、所有権に基づく妨害排除請求権としての所有権移転登記抹消登記手続およびその承諾請求の場合（本章本節Ⅶ（106頁）参照）、それぞれ訴訟物は別のものとなり2個ずつとなるが、同一の所有権が所有権移転登記および抵当権設定登記により侵害されているとして（大島『民事裁判実務の基礎〔2版〕（上）』346頁(3)）、訴額は目的不動産価格の2分の1の額とすればよいと思われる（上記ウ参照）。

　　b　付帯請求

　　　(a)　主たる請求に併合する場合

　果実、損害賠償等の請求が、付帯請求として、主たる請求に併合される場合は、当該付帯請求の額は、訴訟物の価額〔訴額〕に算入しない（民訴9条2項）。

　　　(b)　主たる請求とは別に請求する場合

　果実、損害賠償等の請求を、主たる請求と併合せずに、それのみを請求するときは、それが独立の訴訟物となるから、その果実、損害賠償等の請求によって、訴訟物の価額〔訴額〕が定まる。

2　土地管轄〜訴えを提起する裁判所の場所

(1)　被告の普通裁判籍（住所等）所在地を管轄する裁判所への訴え提起

　訴えは、原則として、被告の普通裁判籍所在地を管轄する裁判所の管轄に属し（民訴4条1項）、人の普通裁判籍は、住所により、日本国内に住所がないときまたは住所が知れないときは居所により、日本国内に居所がないときまたは居所が知れないときは最後の住所地により定める（民訴4条2項）。法人その他の社団または財団の普通裁判籍は、その主たる事務所または営業所

により、事務所または営業所がないときは代表者その他主たる業務担当者の住所により定める（民訴4条4項）。

(2) 不動産の所在地を管轄する裁判所

不動産の登記手続請求の訴えは、不動産に関する訴えであり、不動産の所在地を管轄する裁判所に訴えを提起することができる（民訴5条12号）。

(3) 義務履行地管轄裁判所

財産上の訴えは、義務履行地を管轄する裁判所に訴えを提起することができる（民訴5条1号）。不動産の登記手続請求の訴えも、財産上の訴えといえ、債権者の現時の住所・営業所が義務履行地となる（民484条）。したがって、不動産の登記手続請求をする原告の住所地を管轄する裁判所にも訴えを提起することができる。

(4) 関連裁判籍（民訴7条）

一つの訴えで数個の請求をする場合には、そのうちの一つの請求について管轄を有する裁判所に訴えを提起することができる（民訴7条本文）。

この関連裁判籍（民訴7条）は、同一の被告に対し数個の請求を併合提起する場合〔請求の客観的併合〕に認められる。数人の被告に対する請求を一つの訴えで併合提起する場合〔訴えの主観的併合、共同訴訟〕の場合は、権利義務の共通または事実上および法律上の原因の同一のとき（民訴38条前段）に限定して認められる（民訴7条ただし書）。

3 管轄の合意

(1) 合意管轄の意義

法定管轄は、公益的要求の強い専属管轄を除けば、主として当事者の公平と便宜を考慮して定められているから、その範囲で、当事者の合意によって法定管轄を変更することが許され、この合意によって定まる管轄を合意管轄という。

(2) 管轄合意の要件

合意管轄が認められるためには、以下の要件が必要となる（『民訴法講義案

〔再訂補訂版〕』30頁(2))。

① 第一審の管轄裁判所の合意であること（民訴11条1項）
② 一定の法律関係に基づく訴えであること（民訴11条2項）
③ 法定管轄と異なる定めであること
④ 書面によること（民訴11条2項。民訴11条1項の合意の内容を記録した電磁的記録も含む（民訴11条3項））
⑤ 専属管轄の定めのないこと（民訴13条）
⑥ 管轄裁判所が特定されていること

(3) 管轄合意の態様

ア 管轄合意の態様

管轄合意の態様には、排他的管轄合意（競合する法定管轄の一部を排除する合意）、選択的〔付加的〕管轄合意（法定管轄外の裁判所に付加的に管轄を認める合意）、専属的管轄合意（法定管轄の有無を問わず、特定の裁判所にだけ管轄を認める合意）がある。

イ 専属的管轄合意と応訴管轄

原告が専属的管轄の合意を無視して他の裁判所に訴えを起こしても、被告がそれに応訴すれば応訴管轄が生ずる（大判大10・5・18民録27輯929頁）（『民訴法講義案〔再訂補訂版〕』31頁ア）。

ウ 管轄合意の効力

(ア) 管轄合意の効力

管轄合意の効力は、合意当事者のみを拘束し、第三者には及ばないのが原則である。しかし、合意当事者の一般承継人のほか、合意当事者の権利を代わって行使するにすぎない破産管財人や債権者代位訴訟における債権者は合意に拘束される（『民訴法講義案〔再訂補訂版〕』31頁）。

特定承継人にも管轄合意の効力が及ぶかどうかは、目的たる権利関係の内容が当事者の意思によって定めることができるかどうかによって決まる。債権のように当事者の意思によってその内容を定めることができる権利関係に

ついては、特定承継人にもその効力が及ぶが、物権はその内容が法定されており、管轄の合意をその内容に含ませることができないから、その効力は特定承継人には及ばない（『民訴法講義案〔再訂補訂版〕』31頁）。

(イ) 管轄合意と本庁・支部

管轄合意により定められる裁判所は官署としての裁判所であり、その裁判所の本庁または支部のいずれにおいて事件を処理するかは裁判所の内部的事務分配の定めによって決せられる（東京高判昭51・11・25下民集27巻9～12号786頁）。

エ　管轄合意についての意思表示の瑕疵

管轄合意の要件効果は、もっぱら訴訟法によって定まるが、合意自体は訴訟外で実体法上の取引行為に付随してなされる行為であるから、意思表示の瑕疵については民法の規定を類推適用すべきである（『民訴法講義案〔再訂補訂版〕』31頁エ）。

4　応訴管轄

(1) 応訴管轄（民訴12条）

原告が土地管轄または事物管轄違いの第一審裁判所に訴えを提起した場合、被告が第一審裁判所において管轄違いの抗弁を提出しないで本案について弁論をし、または弁論準備手続において申述をしたときは、その裁判所は、ほかに専属管轄権を有するものがない限り、管轄権を有することになり（民訴12条）、応訴管轄が生ずる。

(2) 法定管轄原因が認められない訴状の取扱い

法定管轄原因の認められない訴状については、応訴管轄の成立可能性を考慮しないで対応するのが本則である。ただ、訴額が低廉で国民の身近な裁判所としての役割を果たすことが期待されている簡易裁判所においては、被告が応訴しなければ最終的には管轄が生じないことを原告に説明したうえでさしあたり訴状送達を試みるという運用を行うことが合理的な取扱いとみる余地もある（『民訴法講義案〔再訂補訂版〕』31頁（注2））。

(3) 本案の弁論

ア 本案の弁論の意義

本案の弁論とは、被告が、原告主張の訴訟物である権利または法律関係につき事実上または法律上の陳述を行うことをいう。

被告が、口頭弁論で請求原因その他の事実について認否をすることは本案について弁論をしたことになるが、訴訟要件の欠缺を理由とする訴え却下の申立ては、本案の弁論に含まれない。事実や理由を付することなく単に請求棄却の裁判を申し立てているだけでは、本案の弁論とはいえない（大判大9・10・14民録26輯1495頁）（『民訴法講義案〔再訂補訂版〕』31頁(2)）。

期日延期の申立て、忌避の申立て、訴訟要件欠缺を理由とする訴え却下判決を求める反対申立ては、本案についての弁論ではない（『民実講義案Ⅰ〔四訂補訂版〕』35頁）。

イ 答弁書等の擬制陳述と本案の弁論

被告の反対申立ておよび請求原因事実の認否や被告の主張を記載した答弁書または準備書面を提出した被告が第1回口頭弁論期日に欠席し、同答弁書等が擬制陳述された場合（民訴158条）には、それによって応訴管轄は生じないとされている。これは、被告には、管轄違いの裁判所に出頭する義務はなく、ここでの本案についての弁論とは、いわゆる「明示陳述」であることを要すると解されているからである（『民実講義案Ⅰ〔四訂補訂版〕』35頁）。

5 遅滞を避ける等のための移送（民訴17条）

第一審裁判所は、訴訟がその管轄に属する場合であっても、当事者および尋問を受けるべき証人の住所、使用すべき検証物の所在地その他の事情を考慮して、訴訟の著しい遅滞を避け、または当事者間の衡平を図るため必要があると認めるときは、申立てによりまたは職権で、訴訟の全部または一部を他の管轄裁判所に移送することができる（民訴17条）。

6 不動産に関する訴訟の必要的移送（民訴19条2項）

簡易裁判所に提起された、簡易裁判所の管轄に属する、訴訟物の価格が

140万円を超えない不動産に関する訴訟について、被告から地方裁判所への移送申立てがあったときは、その訴訟をその簡易裁判所の所在地を管轄する地方裁判所に移送しなければならないとされている（民訴19条2項本文）。ただ、その移送申立て前に当該被告が訴訟の本案について弁論をした場合は、当該必要的移送の対象とはならない（民訴19条2項ただし書）。

第3　当事者等

1　実質的な権限を有しない法令による訴訟代理人（支配人）

　支配人とは、会社等の商人に代わって、その事業・営業に関する一切の裁判上または裁判外の行為をする権限を有する商人の代理人である（商21条1項、会社11条1項等）。会社等の商人は、支配人を選任し（商20条、会社10条）、その営業所においてその営業を行わせ（商20条）、会社では本店または支店においてその事業を行わせることができるとされている（会社10条）。

　しかし、会社によっては、実際に事業・営業における包括的代理権を有しない単なる従業員を、支配人に選任したとして登記をし、その者を支配人代理人として訴訟行為にあたらせることがある。これは、法令により裁判上の行為をすることができる代理人のほか、弁護士でなければ訴訟代理人となることができないとする民事訴訟法54条1項の趣旨を潜脱するものであり、弁護士でない者に裁判上の行為をさせることを目的として、本来支配人でなく裁判上の行為をすることができない者についてこれを支配人とする旨の登記をしたものであり、当該登記は無効であり、登記された支配人は「法令により裁判上の行為をすることができる代理人」にはあたらないと解される（仙台高判昭59・1・20（昭58(ネ)124）判時1112号84頁・判タ520号149頁、仙台高判昭59・1・20（昭57(ネ)520）判タ520号152頁、仙台高秋田支判昭59・12・28判タ550号256頁、前橋地判平7・1・25判タ883号278頁、東京地判平15・11・17判時1839号83頁・判タ1134号165頁）。支配人の登記は事実上の推定力があるにとどまるので、その権限に問題があると考えられる場合には、その者が包括的代理

権を有することを認める資料を提出すべきであり、それが提出されなければ、同人が代理人として提起した訴えは不適法として却下されることになる（前掲・仙台高判昭59・1・20（昭58(ネ)124）、前掲・東京地判平15・11・17）（竹内努「過払金返還請求訴訟の審理の実情」判タ1306号45頁）。

2 簡易裁判所における訴訟代理人（認定司法書士、許可代理人）

簡易裁判所では、弁護士のほか、認定司法書士（司法書士法3条1項6号イ・2項）や裁判所が許可をした会社の従業員等（民訴54条1項ただし書）も訴訟代理人となることができる。

(1) 認定司法書士

認定司法書士とは、司法書士会の会員である司法書士のうち、所定の研修を受け、法務大臣による能力認定を受け、簡易裁判所において代理人となることを認められた者である（司法書士法3条2項）。認定司法書士は、民事訴訟法の手続においては、目的の価額が簡易裁判所の事物管轄を超えない範囲内（140万円を超えない範囲内（裁判所法33条1項1号））において代理権を有する（司法書士法3条1項6号イ）。

(2) 許可代理人

簡易裁判所では、その許可を受けて、弁護士でない者を訴訟代理人とすることができる〔許可代理人（民訴54条1項ただし書）〕。代理人として許可を受ける者は、本人が自然人であれば同居の親族、本人が法人であれば当該法人の職員である。それ以外の者については許可されないのが原則である。それは、それ以外の者を代理人とする場合、弁護士法72条の非弁護士による報酬を得る目的での訴訟事件等の法律事務取扱いの禁止の関係などから、問題が生ずる可能性があり、例外的に許可する場合も、代理人許可をする必要性があり、それらの点の問題が生じないと判断される場合である。

(3) 主債務者が保証人の許可代理人となること

主債務者と保証人が共同被告となる場合があり、その場合に、主債務者が

保証人の代理人となることの許可申請をすることがある。これについては、主債務者が保証人の代理人となることにより、保証人の利益が害される可能性があるので、主債務者が保証人の代理人となるのは、相当ではなく、代理許可は認めるべきではないと思われる[*13]。

第4　訴えの提起

1　訴え提起の方式

訴えの提起は、訴状を作成して裁判所に提出しなければならない（民訴133条1項）。簡易裁判所に対する訴えの提起は、口頭でもできる（民訴271条）。口頭での訴え提起の場合、裁判所書記官の前で陳述し、裁判所書記官が調書を作成して記名押印する（民訴規1条2項）。

訴状を被告に送達するために、被告の数に応じた訴状副本を提出する必要がある（民訴規58条1項参照）。訴額に応じた手数料を、収入印紙を訴状に貼付するなどして納め（民訴費4条・8条）、被告への訴状の送達費用等も郵便切手等で予納しなければならない（民訴費11条～13条）。

また、早期に実質的審理に入ることができるようにするために、請求を特定するための請求原因事実のほかに、請求を理由づける事実も記載し、かつ、立証を要する事由ごとに、当該事実に関連する事実で重要なものおよび証拠を記載しなければならないとされており（民訴規53条1項）、基本書証および重要な書証の写しの添付が求められている（民訴規55条）。

[*13] 主債務者と保証人が共同被告となる訴訟において、保証人の意向を聞いてきた被告である主債務者と原告債権者との間に、分割払等の合意ができた場合には簡易裁判所においては、和解に代わる決定（民訴275条の2）を行い、決定書を保証人に送付し、異議申立ての機会を与える方法等をとるべきである。

第2章 不動産登記関係紛争解決のための手続

【書式6】 登記手続請求事件の訴状
① 売買契約に基づく所有権移転登記手続請求事件の訴状

収入
印紙

訴　　状

平成○年○月○日

○○地方裁判所民事部　御中

原　告　甲　野　太　郎㊞

〒○○○－○○○○　○○県○○市○○町○丁目○番○号（送達場所）
　　　　　　　　　　　原　告　甲　野　太　郎
　　　　　　　　　　　電話　○○○－○○○－○○○○
　　　　　　　　　　　FAX　○○○－○○○－△△△△
〒○○○－○○○○　○○県○○市○○町○丁目○番○号
　　　　　　　　　　　被　告　乙　山　花　子
〒○○○－○○○○　○○県○○市○○町○丁目○番○号
　　　　　　　　　　　被　告　乙　山　浩　司

土地所有権移転登記手続請求事件
　　訴訟物の価額　　○○○万円
　　ちょう用印紙額　　○万○○○○円

第1　請求の趣旨
　1　被告らは，原告に対し，別紙物件目録記載の不動産につき，平成○年○月○日売買を原因とする所有権移転登記手続をせよ。
　2　訴訟費用は被告らの負担とする。
との判決を求める。
第2　請求の原因
　1　原告は，平成○年○月○日，亡き乙山一郎（以下「亡一郎」という。）との間で，別紙物件目録記載の土地（以下「本件土地」という。）を代金

○○○万円で，買い受ける売買契約を締結した（以下「本件売買」という。）（甲１ないし３）。
2(1) 亡一郎は，平成○年○月○日死亡した（甲４の１）。
 (2) 被告乙山花子は亡一郎の配偶者として，被告乙山浩司は亡一郎の子として，それぞれ亡一郎の相続人となり（甲４の２），被相続人亡一郎の財産に関する一切の権利義務を承継した。
3 よって，原告は，被告らに対し，本件売買を原因とする本件土地についての所有権移転登記手続を求める。
第３ 背景事情
・・・・・・・・・・・・・・・・・・。

証拠方法
 1 甲第１号証　土地全部事項証明書
 2 甲第２号証　土地売買契約書
 3 甲第３号証　領収証
 4 甲第４号証の１，２　戸籍事項証明書

付属書類
 1 訴状副本　　　　　　　　　　　　２通
 2 甲第１号証ないし同第４号証の２（写し）　各２通
 3 固定資産評価証明書　　　　　　　１通

物 件 目 録

1 所在　○○市○○町○丁目
　地番　○番○
　地目　宅地
　地積　○○○.○○m²

② 所有権移転登記抹消登記手続請求事件の訴状

収入
印紙

訴　　状

平成〇年〇月〇日

〇〇地方裁判所民事部　御中

原　告　甲　野　太　郎㊞

〒〇〇〇-〇〇〇〇　〇〇県〇〇市〇〇町〇丁目〇番〇号（送達場所）
原　告　甲　野　太　郎
電話　〇〇〇-〇〇〇-〇〇〇〇
FAX　〇〇〇-〇〇〇-△△△△

〒〇〇〇-〇〇〇〇　〇〇県〇〇市〇〇町〇丁目〇番〇号
被　告　乙　山　一　郎

所有権移転登記抹消登記手続請求事件
　訴訟物の価額　　〇〇〇万円
　ちょう用印紙額　　〇万〇〇〇〇円

第1　請求の趣旨
　1　被告は、原告に対し、別紙物件目録記載の不動産につき、〇〇地方法務局平成〇年〇月〇日受付第・・・・・号の所有権移転登記の抹消登記手続をせよ。
　2　訴訟費用は被告の負担とする。
との判決を求める。
第2　請求の原因
　1　原告は、平成〇年〇月〇日当時、別紙物件目録記載の不動産（以下「本件不動産」という。）を所有していた（甲1の1，2）。
　2　本件不動産について、〇〇地方法務局平成〇年〇月〇日受付第・・・・・号の所有権移転登記（以下「本件登記」という。）がされて

いる（甲1の1，2）。
3　よって，原告は，被告に対し，本件不動産について，本件登記の抹消登記手続を求める。
第3　背景事情
　・・・・・・・・・・・・・・・・・・・。

証拠方法
　1　甲第1号証の1，2　土地・建物全部事項証明書

付属書類
　1　訴状副本　　　　　　　　　　1通
　2　甲第1号証の1，2（写し）　　各1通
　3　固定資産評価証明書　　　　　2通

物件目録

1　所　　在　○○市○○町○丁目
　　地　　番　○番○
　　地　　目　宅地
　　地　　積　○○○．○○m²

2　所　　在　○○市○○町○丁目○番地○
　　家屋番号　○番○
　　種　　類　居宅
　　構　　造　軽量鉄骨スレート葺2階建
　　床　面　積　1階　○○．○○m²
　　　　　　　2階　○○．○○m²

2　訴訟における主張立証の構造等

訴訟においては、申立人である原告が、自己の主張する請求権の発生を基

礎づける具体的事実である請求原因を主張立証する必要がある。

　請求原因と両立する具体的事実で、請求原因から発生する法律効果を排斥するものが抗弁となり、それは相手方である被告側が主張立証する必要がある。そして、抗弁と両立する具体的事実であって、抗弁から発生する法律効果を排斥するものが再抗弁となり、それは原告側が主張立証する必要がある。以下、再抗弁と再々抗弁との関係、再々抗弁と再々々抗弁との関係等、同様の関係で続くことになる。

　請求原因事実を相手方である被告が、争わないか、争いがあるときでもその事実の存在を原告が証明した場合、被告側が、抗弁事実を主張立証しない限り、原告の請求が認められることになる。そして、請求原因事実を相手方である被告が争わないか、争いがあるときでもその事実の存在を原告が証明し、抗弁事実を原告が、争わないか、争いがあるときでもその事実の存在を被告が証明した場合は、原告側が、再抗弁事実を主張立証しない限り、原告の請求が認められないことになる。以下、再々抗弁、再々々抗弁と、同様の関係で続くことになる。

　以下、各事件類型毎に、主張すべき事実および証拠等について説明をする。

3　証拠の収集

(1) 書証等の提出

　証拠のうち書証については、原告提出のものは、甲号証として、甲第1号証、甲第2号証……という番号を付して特定し、被告提出のものは、乙号証として、乙第1号証、乙第2号証……という番号を付して特定している。

　書証は、写し2通（相手方が複数のときは、当該相手方の数に1を加えた通数）を裁判所に提出する（民訴規137条1項）。書証の内容がわかりにくいときは、裁判所から、証拠説明書の提出が求められることがある（民訴規137条1項）。

(2) 不動産登記手続関係訴訟の主な証拠

ア 不動産登記事項証明書

　不動産登記手続関係訴訟においては、まず、その目的不動産の登記事項証明書を、証拠として提出すべきである。

イ 契約書等

　不動産登記手続関係訴訟においては、その関係の基になった契約書等の書面があれば、その契約の成立を証する客観的証拠となるので、それを提出すべきである。

ウ 領収書等

　また、売買契約に基づく所有権移転登記手続請求訴訟であれば、代金支払いの領収証等、被担保債権弁済による抵当権設定登記抹消登記手続請求訴訟であれば、被担保債権弁済の領収証等を、証拠として提出すべきである。

II 売買契約に基づく所有権移転登記手続請求訴訟

第1 売買契約に基づく所有権移転登記手続請求における訴訟物および請求の趣旨・原因

1 売買契約に基づく所有権移転登記手続請求における訴訟物

　売買契約に基づいて所有権移転登記手続を求める場合、売買契約に基づく債権的登記請求権が認められることは当然である。また、売主に所有権があった場合には、買主の所有権に基づく物権的登記請求権、所有権の移転に基づく物権変動的登記請求権も、それぞれ認められることになる。

2 売買契約に基づく所有権移転登記手続請求における請求の趣旨・請求認容判決における主文

　売買契約に基づく所有権移転登記手続請求における請求の趣旨・請求認容判決における主文は、次のとおりとなる（幸良『改訂判決による登記』113頁・114頁）。

〈記載例1〉　売買契約に基づく所有権移転登記手続請求における請求の趣旨・請求認容判決における主文記載例

① 通常の売買

> 被告は，原告に対し，別紙物件目録記載の不動産につき，平成○年○月○日売買を原因とする所有権移転登記手続をせよ。

② 所有権の一部移転

> 被告は，原告に対し，別紙物件目録記載の不動産につき，平成○年○月○日売買を原因として，所有権の一部（持分○分の○）移転の登記手続をせよ。

③　共有持分全部移転

> 被告らは，原告に対し，別紙物件目録記載の不動産につき，平成○年○月○日売買を原因として，共有者全員持分移転の登記手続をせよ。

④　代金支払と引換えの場合

> 被告は，原告に対し，別紙物件目録記載の不動産につき，原告から○○○万円の支払を受けるのと引換えに，その支払日の売買を原因とする所有権移転登記手続をせよ。

3　売買契約に基づく所有権移転登記手続請求における請求原因

上記1で述べたように、売買契約に基づいて所有権移転登記手続を求める場合、債権的登記請求権、物権的登記請求権および物権変動的登記請求権がそれぞれ認められるので、以下それぞれの請求原因について述べる。

(1)　売買契約に基づく債権的登記請求権としての所有権移転登記手続請求の請求原因

売買契約に基づく債権的登記請求権としての所有権移転登記手続請求の請求原因は、以下のとおりである（司研『改訂紛争類型別の要件事実』85頁、加藤ほか『要件事実の考え方と実務〔2版〕』108頁）。

　ア　原告と被告が売買契約を締結したこと

売買契約締結時に被告が目的物を所有していたことや被告名義の登記が存在することは、請求原因とならない（司研『改訂紛争類型別の要件事実』85頁）。

〈記載例2〉　売買契約に基づく債権的登記請求権としての所有権移転登記手続請求の請求原因記載例

> 1　原告は，被告から，平成○年○月○日，別紙物件目録記載の不動産（以下「本件不動産」という。）を，代金○○○万円で買った（以下「本件売買」と

いう。)。
2　よって，原告は，被告に対し，本件売買契約に基づき，本件不動産につき，本件売買を原因とする所有権移転登記手続をすることを求める。

(2)　売買契約に基づく物権的登記請求権としての所有権移転登記手続請求の請求原因

売買契約に基づく物権的登記請求権としての所有権移転登記手続請求の請求原因は、以下のとおりである（加藤ほか『要件事実の考え方と実務〔2版〕』109頁(2)）。

ア　原告の目的不動産所有

原告の目的不動産所有について権利自白が成立せず、被告が原告の目的不動産所有を争う場合は、以下の事実を主張する。

　(ｱ)　被告の目的物不動産のもと所有
　(ｲ)　原告・被告間の目的不動産についての売買契約締結

イ　被告の目的不動産についての所有権移転登記の存在

(3)　売買契約に基づく物権変動的登記請求権としての所有権移転登記手続請求の請求原因

売買契約に基づく物権変動的登記請求権としての所有権移転登記手続請求の請求原因は、以下のとおりである（加藤ほか『要件事実の考え方と実務〔2版〕』110頁(3)）。

ア　被告の目的不動産のもと所有
イ　原告・被告間の目的不動産についての売買契約締結

4　売買契約に基づく所有権移転登記手続請求における訴訟物の選択

上記3のとおり、売買契約に基づく所有権移転登記手続請求においては、①債権的登記請求権としての所有権移転登記手続請求権、②物権的登記請求権としての所有権移転登記手続請求権、③物権変動的登記請求権としての所

有権移転登記手続請求権の三つがあることになる。この場合、上記3のとおり、売買契約に基づく所有権移転登記手続請求における、物権的登記請求権としての所有権移転登記手続請求権と物権変動的登記請求権としての所有権移転登記手続請求権の請求原因事実は、債権的登記請求権としての所有権移転登記手続請求権の請求原因事実を包含していると考えられ、あえて物権的登記請求権としての所有権移転登記手続請求権や物権変動的登記請求権としての所有権移転登記手続請求権の請求原因事実を述べる必要がないので、債権的登記手続請求権としての所有権移転登記手続請求権が訴訟物として主張される場合が多い（司研『改訂紛争類型別の要件事実』84頁、加藤ほか『要件事実の考え方と実務〔2版〕』107頁）。

第2 売買契約に基づく所有権移転登記手続請求における抗弁以下の攻撃防御方法

1 債権的登記請求権・物権的登記請求権・物権変動的登記請求権における抗弁の違い

　債権的登記請求権に対しては消滅時効の抗弁を提出しうるが、物権的登記請求権および物権変動的登記請求権に対しては消滅時効の抗弁は主張自体失当となる。また、物権的登記請求権に対しては所有権喪失の抗弁を提出しうるが、物権変動的登記請求権および債権的登記請求権に対しては所有権喪失の抗弁を主張しても主張自体失当となる（加藤ほか『要件事実の考え方と実務〔2版〕』107頁〜110頁）。

2 債権的登記請求権についての抗弁以下の攻撃防御方法

(1) 債権的登記請求権の消滅時効の抗弁

　被告は、抗弁として、債権的登記請求権の消滅時効（①売買契約締結日から10年の経過、②被告が原告に対し時効援用の意思表示をしたこと）を主張立証することができる。

3　物権的登記請求権についての抗弁以下の攻撃防御方法

(1)　所有権喪失の抗弁

被告は、原告が目的不動産を第三者に売却したとの所有権喪失の抗弁を主張することができる。

4　請求原因に売買契約が現れる場合の抗弁以下の攻撃防御方法

(1)　同時履行の抗弁権

ア　不動産売買における同時履行の抗弁権

不動産売買の場合、代金支払義務と登記協力義務が同時履行の関係となる（大判大7・8・14民録24輯1650頁）。ただ、家屋の売買など、買主が売買目的物の使用を目的とする場合は、目的物の引渡しも同時履行となる（最判昭34・6・25判時192号16頁）（内田『民法Ⅱ〔3版〕』50頁・51頁）。

イ　同時履行の抗弁権の要件事実

同時履行の抗弁権の要件事実は、次のとおりである（加藤ほか『要件事実の考え方と実務〔2版〕』110頁(1)）。

(ｱ)　同時履行の抗弁権を行使するとの権利主張

(2)　債務不履行解除の抗弁

債務不履行解除の抗弁の要件事実は、以下のとおりである（加藤ほか『要件事実の考え方と実務〔2版〕』111頁(2)）。

ア　代金支払いの履行の催告
イ　履行の催告後相当の期間の経過
ウ　相当期間経過後に解除の意思表示をしたこと
エ　催告以前に反対給付（登記申請）の履行の提供をしたこと

(3)　その他の抗弁

被告は、抗弁として、たとえば、その売買の虚偽表示などを主張立証することができる（司研『改訂紛争類型別の要件事実』85頁）。

第3　特殊な売買における登記請求

1　未登記建物〔表題登記のない建物〕の売買における所有権保存・移転登記手続請求

　未登記建物〔表題登記のない建物〕を買い受けた者Xが、売主であるYが表題登記（不登47条1項）および所有権保存登記（不登74条）の申請をしないために、自己（X）のための所有権保存・移転の登記をすることができないときは、以下の請求をすることができる（最判昭31・6・5民集10巻6号643頁）（幸良『改訂判決による登記』92頁(1)・115頁・116頁、新井『判決による不動産登記』48頁・49頁・50頁、岡口『要件事実マニュアル1巻（3版）』402頁Ⅰ）。

① 買主Xが、売主Yに対する所有権移転登記手続請求の訴訟を提起し、その認容の確定判決に基づいて、民法423条の債権者代位により、Y名義の表題登記および所有権保存登記を経由したうえで、YからXへの所有権移転登記を単独で申請する（不登63条1項）。

② 買主Xが、売主Yに対する所有権確認または所有権移転登記手続請求の訴訟を提起し、その認容の確定判決に基づいて、直接自己（X）名義で所有権保存の登記の申請をする（不登74条1項2号）。この場合、登記官としては、所有権保存の登記の前提として、職権により当該建物の特定に必要な表示に関する事項を登記する（不登75条）。

　請求の趣旨・認容判決主文記載例について、下記2参照（永井ユタカ・判タ672号11頁）。

　なお、上記所有権保存登記申請の際には、建物図面や各階平面図等の添付情報を提供する必要がある（不動産登記令別表28の項添付情報へ）（幸良『改訂判決による登記』116頁）。

2　所有権保存登記のない建物〔表題登記のみがある建物〕の売買における所有権保存・移転登記手続請求

　所有権保存登記のない建物〔表題登記のみがある建物〕を買い受けたX

が、売主であるYが所有権保存の登記の申請（不登74条）をしないために、自己（X）のための所有権保存・移転の登記をすることができないときは、以下の請求をすることができる（幸良『改訂判決による登記』102頁(1)・115頁・116頁、新井「判決による不動産登記」36頁）。

① 買主Xが、売主Yに対する所有権移転登記手続請求の訴訟を提起し、その請求認容の確定判決に基づいて、民法423条の債権者代位により、Y名義で所有権保存の登記の申請をし、その登記を経たうえで、買主Xへの所有権移転登記を単独で申請する（不登63条1項）。

② 買主Xが、売主Yに対する所有権確認または所有権移転登記手続請求の訴訟を提起し、その請求認容の確定判決に基づいて、直接買主X名義の所有権保存登記を申請する（不登74条1項2号）。

〈記載例3〉 所有権保存登記のない建物〔表題登記のみがある建物〕の売買における所有権保存・移転登記のための訴訟の請求の趣旨・認容判決主文記載例

i 「被告は，原告に対し，別紙物件目録記載の建物につき，平成○年○月○日売買を原因とする所有権移転登記手続をせよ。」
ii 「原告と被告の間において，別紙物件目録記載の不動産が原告の所有であることを確認する。」

（注） 1 債権者代位により被告名義の所有権保存登記をしたうえ、原告への所有権移転の登記をする方法をとる場合（上記①）には、上記記載例iのように、所有権移転登記を求める必要がある。
　　　2 直接買主名義に保存登記をする場合（不登74条1項2号）には、給付判決（記載例i）でも確認判決（記載例ii）でもよいと解されている。

※ 幸良「改訂判決による登記」103頁・104頁・117頁

3 相続登記未了不動産の売買における所有権移転登記手続請求

買主Xが、被相続人y名義の不動産を売却した相続人Yらから所有権移

転の登記を得ることができない場合、XはYらに対し、当該不動産について売買を原因とする所有権移転登記手続を求める訴えを提起し、その認容の確定判決に基づく民法423条1項の債権者代位によるyからYらへの相続による所有権移転登記を経由して、YらからXへの売買による所有権移転登記を単独で申請することができる（不登63条1項）（幸良『改訂判決による登記』117頁(3)、永井ユタカ・判夕672号13頁）。

〈記載例4〉 相続登記未了不動産の売買における所有権移転登記手続請求の請求の趣旨・認容判決主文記載例

> 被告らは、原告に対し、別紙物件目録記載の不動産につき、平成〇年〇月〇日売買を原因とする所有権移転登記手続をせよ。

※ 幸良「改訂判決による登記」118頁、永井ユタカ・判夕672号13頁

4 売主が死亡した場合の所有権移転登記手続請求

売主yが死亡し、Y_1、Y_2がyの相続人となった場合、買主Xは、Y_1、Y_2を被告として、yからXへの所有権移転登記手続を請求する（幸良『改訂判決による登記』132頁ア）。

〈記載例5〉 売主の相続人に対する所有権移転登記手続請求の請求の趣旨・認容判決主文記載例

> 被告らは、原告に対し、別紙物件目録記載の不動産につき、訴外亡y（登記上の住所　〇〇市〇〇町〇丁目〇番〇号）から原告への平成〇年〇月〇日売買を原因とする所有権移転登記手続をせよ。

※ 幸良『改訂判決による登記』134頁、永井ユタカ・判夕672号12頁

上記事例で、亡yの相続人Y_1、Y_2名義の相続登記がされている場合の買主Xへの所有権移転登記の方法としては、以下の方法がある（幸良『改訂判決による登記』137頁(2)）。

① XがY_1、Y_2に対し、相続登記の抹消を求めるとともに、yからX

第2章 不動産登記関係紛争解決のための手続

への所有権移転登記手続を求める訴えを提起し、その認容確定判決に基づいて、Yらに代位して相続登記の抹消をし、次いでyからXへの所有権移転登記の申請をする（昭37・3・8民甲638号法務省民事局長電報回答）（新井『判決による不動産登記』115頁・116頁・117頁、岡口『要件事実マニュアル1巻〔3版〕』405頁2）。

② XがY₁、Y₂に対し、直接YらからXへの所有権移転登記手続を求める訴えを提起し、その認容確定判決に基づいて、YらからXへの所有権移転の登記申請をする（大判大15・4・30民集5巻344頁）。

〈記載例6〉 売主の相続人に対する相続登記がされている場合の所有権移転登記手続請求の請求の趣旨・認容判決主文記載例

> ① 「被告らは、原告に対し、別紙物件目録記載の不動産についてなされた○○法務局平成○年○月○日受付第……号の所有権移転登記の錯誤を原因とする抹消登記手続をした上、原告に対し、上記不動産につき、平成○年○月○日売買を原因とする所有権移転登記手続をせよ。」
> ② 「被告らは、原告に対し、別紙物件目録記載の不動産につき、平成○年○月○日売買を原因とする所有権移転登記手続をせよ。」

※ 幸良「改訂判決による登記」139頁、永井ユタカ・判タ672号12頁

なお、共同相続人に対する所有権移転登記手続請求について、判例は、必要的共同訴訟ではないとしている（最判昭36・12・15民集15巻11号2865頁、最判昭44・4・17民集23巻4号785頁）。

5 買主が死亡した場合の所有権移転登記手続請求

買主xが死亡し、X₁、X₂がxの相続人となった場合、X₁、X₂は、売主Yを被告として、Yからxへの所有権移転登記手続を求める訴えを提起し、その認容確定判決に基づいてYからxへの所有権移転登記をした後、xからX₁、X₂への相続登記をする（東京高判昭57・2・25判タ470号131頁）（新井『判決による不動産登記』201頁(12)、幸良『改訂判決による登記』140頁(1)、岡口

第4節　不動産登記関係訴訟手続

『要件事実マニュアル1巻〔3版〕』405頁）。

〈記載例7〉　買主が死亡した場合の所有権移転登記手続請求の請求の趣旨・認容判決主文記載例

> 被告は，原告らに対し，別紙物件目録記載の不動産につき，平成○年○月○日売買を原因とする訴外亡 x（死亡時の住所　○○市○○町○丁目○番○号）に対する所有権移転登記手続をせよ。

※　幸良『改訂判決による登記』142頁、岡口『要件事実マニュアル1巻〔3版〕』405頁、新井『判決による不動産登記』201頁、永井ユタカ・判タ672号13頁

なお、買主の共同相続人からの売主に対する所有権移転登記手続請求は、買主の共同相続人らの必要的共同訴訟ではない（最判昭31・5・10民集10巻5号487頁（抹消登記事例））（永井ユタカ・判タ672号13頁）。

6　不動産の一部の売買における所有権移転登記手続請求

不動産（土地）の一部を買い受けた X が、売主 Y から所有権移転の登記を得ることができない場合は、X は Y に対し、自己が買い受けた部分を特定して、所有権移転登記を請求する訴訟を提起し、その認容判決が確定すれば、Y に代位して（民423条1項）土地分筆の登記申請をし、その分筆後買い受けた土地について当該確定判決に基づいて単独で所有権移転登記申請をする（東京地判昭31・3・22判時77号22頁）（昭41・12・13民甲3400号法務省民事局長回答（附属建物を分離する登記））（幸良『改訂判決による登記』94頁(2)・119頁(4)、新井『判決による不動産登記』61頁、岡口『要件事実マニュアル1巻〔3版〕』402頁）。

〈記載例8〉　不動産の一部の売買における所有権移転登記手続請求の請求の趣旨・認容判決主文記載例

> 被告は，原告に対し，別紙物件目録記載の土地のうち，別紙図面イ，ロ，ハ，ニ，イの各点を順次直線で結び囲まれた土地部分○○．○○㎡につき，平

成○年○月○日売買を原因とする所有権移転登記手続をせよ。

（注） 別紙図面では、不動産登記令別表8の項添付情報欄イ、不動産登記規則74条・77条・78条等で求められる地積測量図と同一性があると認められる程度のものが求められる。
※ 新井『判決による不動産登記』196頁、幸良『改訂判決による登記』95頁・120頁・121頁、岡口『要件事実マニュアル1巻〔3版〕』402頁、永井ユタカ・判タ672号11頁

7 順次売買における所有権移転登記手続請求

所有権が $Y_1 \to Y_2 \to X$ と順次移転した場合の原告 X の Y_1 および Y_2 に対する所有権移転登記手続請求の請求の趣旨・認容判決主文は、以下のとおりとなる（幸良『改訂判決による登記』125頁）。

〈記載例9〉 所有権が $Y_1 \to Y_2 \to X$ と順次移転した場合の原告 X の Y_1 および Y_2 に対する所有権移転登記手続請求の請求の趣旨・認容判決主文記載例

1 被告 Y_1 は、原告に対し、別紙物件目録記載の不動産につき、平成○年○月○日売買を原因とする被告 Y_2 のための所有権移転登記手続をせよ。
2 被告 Y_2 は、原告に対し、別紙物件目録記載の不動産につき、平成○年○月○日売買を原因とする所有権移転登記手続をせよ。

第4 請求事項と判決事項

1 不動産全部の所有権移転登記手続を求める訴訟における一部について所有権移転登記手続を認める判決

一筆の土地全部の所有権移転登記手続を請求する訴訟において、その土地の一部につき分筆のうえ所有権移転登記手続をすべき旨の判決をしても、民訴法246条に反して、原告の申立事項を越えた判決をしたことにならない（最判昭30・6・24民集9巻7号919頁）（『民訴法講義案〔再訂補訂版〕』63頁ア）。

Ⅲ 所有権に基づく妨害排除請求としての所有権移転登記等抹消登記手続請求訴訟

第1 所有権に基づく妨害排除請求としての所有権移転登記抹消登記手続請求の請求の趣旨・請求認容判決主文

　所有権に基づく妨害排除請求としての所有権移転登記抹消登記手続請求の請求の趣旨・請求認容判決主文は、以下のとおりとなる。

〈記載例10〉　所有権に基づく妨害排除請求としての所有権移転登記抹消登記手続請求の請求の趣旨・請求認容判決主文記載例

> 　被告は、(原告に対し、)別紙物件目録記載の不動産について、○○地方法務局平成○年○月○日受付第……号の所有権移転登記の抹消登記手続をせよ。

　「原告に対し、」と記載する例もある(塚原『事例と解説民事裁判の主文』143頁・146頁・147頁)が、実務では記載していない(司研『10訂民事判決起案の手引』14頁・98頁、加藤ほか『要件事実の考え方と実務〔2版〕』123頁、岡口『要件事実マニュアル1巻〔3版〕』384頁、大島『民事裁判実務の基礎〔2版〕(上)』313頁・315頁))。

　抹消登記を命ずる請求の趣旨・判決主文では、登記原因を示さないのが通例である(司研『10訂民事判決起案の手引』15頁、岡口『要件事実マニュアル1巻〔3版〕』383頁、大島『民事裁判実務の基礎〔2版〕(上)』313頁・315頁)。

第2 所有権に基づく妨害排除請求としての所有権移転登記抹消登記手続請求の請求原因

1 所有権に基づく妨害排除請求としての所有権移転登記抹消登記手続請求の請求原因

所有権に基づく妨害排除請求としての所有権移転登記抹消登記手続請求の請求原因は、以下のとおりである（司研『改訂紛争類型別の要件事実』65頁、加藤ほか『要件事実の考え方と実務〔2版〕』123頁）。

① 原告が目的不動産を所有していること
② 目的不動産上に被告名義の所有権移転登記が存在すること

所有権に基づく妨害排除請求としての所有権移転登記抹消登記手続請求の具体的な請求原因事実の摘示については、所有権に基づく不動産明渡請求訴訟の場合と同様に考えることができる（司研『改訂紛争類型別の要件事実』66頁、加藤ほか『要件事実の考え方と実務〔2版〕』123頁）。

2 原告の目的不動産所有

(1) 所有権取得原因の主張立証

原告は、自ら所有権を有するというためには、所有権取得原因となる具体的事実を主張立証しなければならない。

この場合、原告は、理論的には、自己の前主、前々主等、その不動産の原始取得者まで遡って、その者から自己までの所有権取得原因事実をすべて主張立証しなければならないことになる。

(2) 権利自白

被告が、原告から目的不動産の売買等による所有権取得を主張する場合、その売買等の時点における原告の目的不動産所有を争うものではないので、その時点における権利自白が成立する。そして、それ以降原告以外の者の所有権取得原因事実が立証されない限り、原告の所有権は現在も継続している

ものと扱われる（加藤ほか『要件事実の考え方と実務〔2版〕』62頁）。

したがって、原告としては、権利自白が成立した時点で当時目的不動産を所有していたことを主張立証すればよいことになる。具体的には、「原告は、本件不動産を平成○年○月○日当時所有していた」と主張すればよい（加藤ほか『要件事実の考え方と実務〔2版〕』62頁）。

被告が、たとえば、原告の前主Aから所有権取得を主張するような場合は、原告は、以下の事実を主張する（加藤ほか『要件事実の考え方と実務〔2版〕』62頁）。

① Aが目的不動産をもと所有していたこと（「Aは本件不動産を平成○年○月○日当時〔A・原告間の目的不動産所有権移転時〕所有していた」）
② 原告のAからの目的不動産所有権取得原因事実

<記載例11> 所有権に基づく妨害排除請求としての所有権移転登記抹消登記手続請求の請求原因記載例

---
1 原告は，平成○年○月○日当時，別紙物件目録記載の不動産（以下「本件不動産」という。）を所有していた。
2 本件不動産について，○○地方法務局平成○年○月○日受付第……号の所有権移転登記（以下「本件登記」という。）がされている。
3 よって，原告は，被告に対し，所有権に基づき，本件登記の抹消登記手続をすることを求める。

第3 所有権に基づく妨害排除請求としての所有権移転登記抹消登記手続請求権の抗弁等

1 所有権喪失の抗弁等

(1) 所有権喪失の抗弁

被告としては、原告が過去の一時点において目的不動産を所有していたこ

とを前提に、被告による所有権取得原因事実、たとえば原告・被告間の売買などを主張することができる（司研『改訂紛争類型別の要件事実』66頁、加藤ほか『要件事実の考え方と実務〔2版〕』124頁）。

その場合の抗弁以下の攻撃防御の構造は、所有権に基づく不動産明渡請求訴訟の場合と、ほぼ同様に考えることができる（司研『改訂紛争類型別の要件事実』66頁）。

ア　売買契約による所有権喪失の抗弁

売買の場合、登記や引渡しを待つまでもなく、売買契約締結と同時に目的不動産の所有権は売主から買主に移転するから（最判昭33・6・20民集12巻10号1585頁）、被告は、原告が第三者と目的不動産の売買契約を締結したことのみを主張すれば足りる。売買契約を主張するには、その本質的要素である目的不動産と代金額を主張立証しなければならない（司研『改訂紛争類型別の要件事実』53頁、加藤ほか『要件事実の考え方と実務〔2版〕』63頁）。

イ　取得時効による所有権喪失の抗弁

(ｱ)　長期取得時効の要件事実

被告の長期取得時効の抗弁の要件事実は以下のとおりである（加藤ほか『要件事実の考え方と実務〔2版〕』80頁・81頁）。

長期取得時効の要件は、民法162条1項に規定されているが、占有者が、所有の意思をもって、平穏かつ公然と占有することは推定される（民186条1項）。また、前後両時点において占有した証拠があるときは、占有は、その間継続したものと推定される（民186条2項）。

① 被告が目的不動産をある時点で占有していたこと
② 被告が①の時点から20年経過した時点で目的不動産を占有していたこと
③ 被告が原告に対し時効援用の意思表示をしたこと（民145条）

(ｲ)　短期取得時効の要件事実

被告の短期取得時効の抗弁の要件事実は以下のとおりである（加藤ほか

『要件事実の考え方と実務〔2版〕』82頁)。

短期取得時効の要件は、民法162条2項に規定されているが、占有者が、所有の意思をもって、善意で、平穏かつ公然と占有することは推定される（民186条1項)。また、前後両時点において占有した証拠があるときは、占有は、その間継続したものと推定される（民186条2項)。

① 被告が目的不動産をある時点で占有していたこと
② 被告が①の時点から10年経過した時点で目的不動産を占有していたこと
③ 占有開始時に善意であることについて無過失であること〔無過失の評価根拠事実〕
④ 被告が原告に対し時効援用の意思表示をしたこと

(2) **所有権喪失の抗弁に対する再抗弁等**
ア **売買契約による所有権喪失の抗弁に対する再抗弁**

売買契約による所有権喪失の抗弁に対する再抗弁として、以下のものがある（司研『改訂紛争類型別の要件事実』53頁ウ)。

(ｱ) （通謀）虚偽表示（民94条）の再抗弁
(ｲ) 債務不履行解除の再抗弁
(ｳ) 所有権留保特約の再抗弁

イ **時効取得による所有権喪失の抗弁に対する再抗弁**

(ｱ) 長期・短期取得時効の抗弁に対する再抗弁

長期・短期取得時効の抗弁に対する再抗弁として、以下のものがある（加藤ほか『要件事実の考え方と実務〔第2版〕』83頁・84頁)。

a 被告に所有の意思がなかったことの再抗弁

第4 物権に基づく妨害排除請求としての抹消登記手続請求

1 共有者の妨害排除請求としての移転登記抹消登記手続請求

(1) 共有者の所有権移転登記全部の抹消請求

　ある不動産の共有者の一人がその持分に基づき当該不動産につき登記記録上所有名義人たる者に対してその登記の抹消を求めることは、妨害排除の請求にほかならずいわゆる保存行為に属するものというべきであり、共有者の一人が単独で当該不動産に対する所有権移転登記の抹消を求めることができる（最判昭31・5・10民集10巻5号487頁）。

(2) 共有持分権に基づく実体上の権利を有しない者の持分移転登記抹消登記手続請求

　不動産の共有者の1人は、その持分権に基づき、共有不動産に対し加えられた妨害を排除することができ、他の共有者の持分について不実の持分移転登記がされている場合には、その登記によって共有不動産に対する妨害状態が生じているということができるから、共有不動産についてまったく実体上の権利を有しないのに持分移転登記を経由している者に対し、単独でその持分移転登記の抹消登記手続を請求することができる（最判平15・7・11民集57巻7号787頁）。

2 所有権保存登記の抹消登記手続請求

　Ｘ所有の建物について、無権利のＹが書類を偽造するなどして表題登記をしてＹ名義の所有権保存登記をした場合、所有者であるＸとしては、Ｘ名義の所有権保存登記をするためには、その前提としてＹ名義の所有権保存登記を抹消する必要があるので、ＸはＹに対し、Ｙ名義の所有権保存登記の抹消登記手続を請求することができるとするのが判例である（最判昭41・3・18民集20巻3号464頁）。その認容判決により、単独で保存登記の抹消

申請ができるとするのが実務である（昭28・10・14民甲1869号法務省民事局長通達、昭40・7・20民三572号法務省民事局第三課長回答）。

〈記載例12〉　真実の所有者からの所有権保存登記抹消登記手続請求の請求の趣旨・認容判決主文記載例

> 被告は，原告に対し，別紙物件目録記載の不動産についてされた〇〇法務局平成〇年〇月〇日受付……号の所有権保存登記の抹消登記手続をせよ。

※　幸良『改訂判決による登記』89頁2・267頁4

この場合、原告は、以下の点を請求原因として主張することになると思われる。

① 　原告の目的不動産所有
② 　目的不動産上に被告名義の所有権保存登記が存在すること

3　表示の登記の滅失登記手続請求

土地上にY所有名義のB建物が存在していたがそれが取り壊され、現在は同土地上にXがA建物を建築所有しているのに、B建物につき登記が残っており、A建物の表示の登記が事実上困難となるなど所有権等の完全な享受・行使が妨害を受けている場合は、XはYに対し、物権（所有権等）に基づく妨害排除請求として、B建物の滅失登記手続等の表示に関する登記の滅失登記手続請求をすることができると考えられる（最判平6・5・12民集48巻4号1005頁）(『最高裁判例解説民事篇〔平成6年〕』361頁、幸良『改訂判決による登記』96頁ア)。

〈記載例13〉　表示の登記の滅失登記手続請求の請求の趣旨・認容判決主文

> 被告は，原告に対し，別紙物件目録記載の不動産につき，平成〇年〇月〇日取壊しを原因とする滅失登記手続をせよ。

※　幸良『改訂判決による登記』99頁

この場合、原告は、以下の点を請求原因として主張することになると思われる。

① 原告ＸのＡ建物の所有
② 存在しない被告Ｙ名義のＢ建物がＡ建物の敷地上に所在するものとして登記されていること

第5 請求事項と判決事項

1 全部抹消の請求に対し共有持分に応じた更正登記手続を命ずる判決

所有権登記の抹消登記手続を求めたのに対し、共有持分に応じた更正登記手続〔一部抹消〕を命ずる場合、一部認容判決をする（最判昭38・2・22民集17巻1号235頁、最判昭59・4・24判時1120号38頁）（『民訴法講義案〔再訂補訂版〕』64頁キ）。

Ⅳ 真正な登記名義の回復を原因とする抹消に代わる所有権移転登記手続請求訴訟

第1 真正な登記名義の回復を原因とする抹消に代わる所有権移転登記手続請求権

　たとえば、AからY名義に所有権移転登記がされている場合に、XがAから所有権を取得したとして、Yに対して所有権移転登記を求める場合、本来は、Xとしては、A・Y間の所有権移転登記を抹消したうえでAから所有権移転登記を受けるべきであるが、これに代えて直接Yに対し真正な登記名義の回復を原因とする所有権移転登記手続を求めることができるとするのが判例および登記実務である（大判昭16・3・4民集20巻385頁、大判昭16・6・20民集20巻888頁、最判昭30・7・5民集9巻9号1002頁、最判昭32・5・30民集11巻5号843頁、最判昭34・2・12民集13巻2号91頁。昭36・10・27民甲2722号法務省民事局長回答、昭39・2・17民三125号法務省民事局第三課長回答、昭39・4・9民甲1505号法務省民事局長回答）（司研『改訂紛争類型別の要件事実』81頁・82頁、加藤ほか『要件事実の考え方と実務〔2版〕』120頁、幸良『改訂判決による登記』199頁1）。

第2 真正な登記名義の回復を原因とする抹消に代わる所有権移転登記手続請求における訴訟物

　真正な登記名義の回復を原因とする抹消に代わる所有権移転登記手続請求における訴訟物は、所有権に基づく妨害排除請求権としての所有権移転登記請求権である（司研『改訂紛争類型別の要件事実』82頁、加藤ほか『要件事実の考え方と実務〔2版〕』120頁）。

第3 真正な登記名義の回復を原因とする抹消に代わる所有権移転登記手続請求における請求の趣旨・請求認容判決主文

　真正な登記名義の回復を原因とする抹消に代わる所有権移転登記手続請求における請求の趣旨・請求認容判決主文は、次のとおりとなる（新井『判決による不動産登記』187頁、幸良『改訂判決による登記』201頁、加藤ほか『要件事実の考え方と実務〔2版〕』120頁、永井ユタカ・判タ672号15頁）。

> **〈記載例14〉 真正な登記名義の回復を原因とする抹消に代わる所有権移転登記手続請求における請求の趣旨・請求認容判決主文記載例**
>
> 　被告は，原告に対し，別紙物件目録記載の不動産について，真正な登記名義の回復を原因とする所有権移転登記手続をせよ。

　登記原因日付は不要である（昭36・10・27民事甲2722号法務省民事局回答）（幸良『改訂判決による登記』315頁、永井ユタカ・判タ672号15頁）。

第4 真正な登記名義の回復を原因とする抹消に代わる所有権移転登記手続請求の請求原因および抗弁以下の攻撃防御方法

1 真正な登記名義の回復を原因とする抹消に代わる所有権移転登記手続請求の請求原因および抗弁以下の攻撃防御の構造

　真正な登記名義の回復を原因とする抹消に代わる所有権移転登記手続請求における請求原因および抗弁以下の攻撃防御の構造は、所有権に基づく妨害排除請求権としての所有権移転登記抹消登記手続請求の場合と同様である（司研『改訂紛争類型別の要件事実』67頁・82頁・83頁）。

2　真正な登記名義の回復を原因とする抹消に代わる所有権移転登記手続請求の請求原因

真正な登記名義の回復を原因とする抹消に代わる所有権移転登記手続請求における請求原因は、以下のとおりとなる（司研『改訂紛争類型別の要件事実』82頁、加藤ほか『要件事実の考え方と実務〔2版〕』120頁）。

① 原告の目的不動産所有
② 被告名義の所有権移転登記の存在

3　真正な登記名義の回復を原因とする抹消に代わる所有権移転登記手続請求の抗弁以下の攻撃防御方法

真正な登記名義の回復を原因とする抹消に代わる所有権移転登記手続請求における抗弁以下の主な攻撃防御方法は、以下のとおりとなる。

(1) 対抗要件の抗弁

対抗要件の抗弁とは、たとえば、Aから被告名義に所有権移転登記がされている場合に、原告がAから所有権を取得したとして、被告に対して所有権移転登記を求める場合、被告としては、A・原告間の売買契約締結時点でのAの所有を認めたうえで、以下の点を主張立証することである（司研『改訂紛争類型別の要件事実』83頁）。

① A・原告間の売買契約締結後にAがYとの間で売買契約を締結したこと
② 原告が対抗要件を具備するまで原告の所有権取得を認めないとの権利主張

(2) 所有権喪失の抗弁

たとえば、Aから被告名義に所有権移転登記がされている場合に、XがAから所有権を取得したとして、Yに対して所有権移転登記を求める場合、Yとしては、A・X間の売買契約締結時点でのAの所有を認めたうえで、所有権喪失の抗弁として、以下の点を主張立証することもできる（司研『改訂紛争類型別の要件事実』83頁）。

① A・原告間の売買契約締結後にAが被告との間で売買契約を締結したこと
② 被告名義の登記が①の売買契約に基づいてされたこと

Ⅴ 時効取得を原因とする所有権移転登記手続請求訴訟

第1 時効取得を原因とする所有権移転登記手続請求における訴訟物

　時効取得を原因とする所有権移転登記手続請求をする場合、原告としては、物権的登記請求権または（積極的）物権変動的登記請求権に基づいて被告からの所有権移転登記手続を求めることが考えられるが、物権的登記請求権である所有権に基づく妨害排除請求権としての所有権移転登記請求権を訴訟物とするのが通常である（司研『改訂紛争類型別の要件事実』68頁）。

第2 時効取得を原因とする所有権移転登記手続請求における請求の趣旨・請求認容判決主文

　時効による所有権取得は原始取得であるが、その登記は保存登記ではなく、移転登記によるのが登記実務である（明44・6・22民414号民事局長回答）（司研『改訂紛争類型別の要件事実』68頁、司研『10訂民事判決起案の手引』事実摘示記載例集15頁注③、加藤ほか『要件事実の考え方と実務〔2版〕』112頁、幸良『改訂判決による登記』154頁・155頁、永井ユタカ・判タ672号14頁）。また、時効による所有権取得の移転登記の登記原因日付は、時効の起算日とされている（司研『改訂紛争類型別の要件事実』68頁、加藤ほか『要件事実の考え方と実務〔2版〕』112頁、幸良『改訂判決による登記』157頁(2)・315頁カ、永井ユタカ・判タ672号14頁）。

　取得時効を原因とする所有権移転登記手続請求における請求の趣旨・請求認容判決の主文は、以下のとおりとなる（加藤ほか『要件事実の考え方と実務

〔2版〕』112頁、幸良『改訂判決による登記』159頁、永井ユタカ・判タ672号14頁)。

〈記載例15〉 取得時効を原因とする所有権移転登記手続請求における請求の趣旨・請求認容判決の主文記載例

> 被告は，原告に対し，別紙物件目録記載の不動産について，平成○年○月○日時効取得を原因とする所有権移転登記手続をせよ。

第3 時効取得による所有権に基づく妨害排除請求としての所有権移転登記手続請求における請求原因

1 請求原因

時効取得による所有権に基づく妨害排除請求としての所有権移転登記手続請求における請求原因は、以下のとおりである(司研『改訂紛争類型別の要件事実』68頁(3)、加藤ほか『要件事実の考え方と実務〔2版〕』112頁2)。

① 原告が目的不動産を所有していること
② 被告名義の所有権移転登記が存在すること

2 原告が目的不動産を所有していること

時効取得による所有権に基づく妨害排除請求としての所有権移転登記手続請求における請求原因の要件事実の一つである「原告が目的不動産を所有していること」における原告の所有権取得原因は、時効取得である。

(1) 長期取得時効(民162条1項)の要件事実

そして、長期取得時効を主張する場合の要件事実は、以下のとおりである(司研『改訂紛争類型別の要件事実』68頁ア、加藤ほか『要件事実の考え方と実務〔2版〕』112頁・113頁)。

① ある時点で占有していたこと
② ①の時から20年経過した時点で占有をしていたこと

第4節　不動産登記関係訴訟手続

③　援用権者が相手方に対して時効援用の意思表示をしたこと
(2)　長期取得時効（民162条１項）の要件事実の検討

　民法162条１項は、長期取得時効の要件として、①所有の意思をもって、②平穏かつ公然に、③他人の物を、④20年間占有することを規定している。しかし、同法186条１項によって、①、②は推定され、主張立証が不要となり〔暫定事実〕、取得時効を争う側でその反対事実（他主占有、強暴（暴行または強迫）、隠秘（隠匿））を主張立証しなければならない（最判昭54・7・31判時942号39頁）（司研『増補民事訴訟における要件事実１巻』27頁(オ)、司研『10訂民事判決起案の手引』事実摘示記載例集15頁注①、司研『改訂紛争類型別の要件事実』69頁・70頁、加藤ほか『要件事実の考え方と実務〔２版〕』81頁・82頁・84頁）。

　また、自己の物についても取得時効が認められる（最判昭42・7・21民集21巻６号1643頁、最判昭44・12・18民集23巻12号2467頁）から、③は要件とならない（司研『改訂紛争類型別の要件事実』69頁、加藤ほか『要件事実の考え方と実務〔２版〕』81頁）。

　20年間の占有継続については、民法186条２項により、前後両時点における占有の事実があれば、占有はその間継続したものと推定されるから、占有開始時点と20年経過時の二つの時点の占有を主張立証すれば足りる。相手方が占有継続を争う場合は、その間の占有継続の不存在（その期間のある時点での占有の不存在）を主張立証することによってこの占有継続の推定を覆す必要がある（司研『改訂紛争類型別の要件事実』69頁、加藤ほか『要件事実の考え方と実務〔２版〕』81頁）。

　初日不算入の原則（民140条）から、時効期間は占有開始日の翌日から計算することになるが、時効の効果が遡る起算日は占有開始日となる（司研『改訂紛争類型別の要件事実』69頁）。

　時効の起算点を当事者が任意に選択して主張することはできないとされている（最判昭35・7・27民集14巻10号1871頁）。ただ、取得時効としての占有

の時期の主張が、占有開始時と一致することの主張立証まで求める趣旨ではなく、取得時効を主張する者は、「開始」時の占有として、「ある時点での占有」を主張すれば足りる（司研『改訂紛争類型別の要件事実』69頁、村田ほか『要件事実論30講〔3版〕』346頁・347頁）。

〈記載例16〉 長期取得時効による所有権に基づく妨害排除請求としての所有権移転登記手続請求における請求原因記載例

1　原告は，平成5年1月25日，別紙物件目録記載の不動産（以下「本件不動産」という。）を占有していた。
2　原告は，平成25年1月25日経過時，本件不動産を占有していた。
3　原告は，被告に対し，平成25年3月17日，時効を援用するとの意思表示をした。
4　本件不動産について，別紙登記目録記載の所有権移転登記がある。
5　よって，原告は，被告に対し，所有権に基づき，本件不動産につき，平成5年1月25日時効取得を原因とする所有権移転登記手続を求める。

（登記目録）
○○地方法務局○○支局平成23年9月9日受付第……号所有権移転
　原　因　平成23年8月18日相続
　所有者　（被告の住所氏名）

※　加藤ほか『要件事実の考え方と実務〔2版〕』113頁・114頁

(3) 短期取得時効（民162条2項）の要件事実

短期取得時効を主張する場合の要件事実は、以下のとおりである（司研『改訂紛争類型別の要件事実』68頁イ、加藤ほか『要件事実の考え方と実務〔2版〕』113頁）。

① ある時点で占有していたこと
② ①の時から10年経過した時点で占有をしていたこと
③ 占有開始時に善意であることにつき無過失であること〔無過失の評価

根拠事実〕

④　援用権者が相手方に対して時効援用の意思表示をしたこと

(4)　**短期取得時効（民162条 2 項）の要件事実の検討**

民法162条 2 項によれば、10年の取得時効の要件として、①所有の意思をもって、②平穏かつ公然に、③他人の物を、④10年間占有すること、⑤占有開始時に善意であって、⑥⑤について無過失であることを規定している。これについては、上記(2)の長期取得時効の要件事実のところで述べたように、同法186条 1 項によって、①、②は推定され、主張立証が不要となり〔暫定事実〕、取得時効を争う側でその反対事実（他主占有、強暴（暴行または強迫）、隠秘（隠匿））を主張立証しなければならず（最判昭54・7・31判時942号39頁）、自己の物についても取得時効が認められる（最判昭42・7・21民集21巻 6 号1643頁、最判昭44・12・18民集23巻12号2467頁）から、③も要件とならない。また、⑤の善意も同法186条 1 項によって推定され、主張立証が不要となり〔暫定事実〕、取得時効を争う側でその反対事実（悪意）を主張立証しなければならない。

ただ、⑥の占有開始時の無過失は推定されない（最判昭43・12・19集民93号707頁、最判昭46・11・11判時654号52頁）（司研『改訂紛争類型別の要件事実』70頁、加藤ほか『要件事実の考え方と実務〔2 版〕』82頁）。

短期取得時効における無過失とは、自己に所有権があると信ずるにつき過失がないこと、つまり、所有権が自己に属すると信ずべき正当の理由があって、そう信ずるに値するだけの原因事実があったことが要求される。無過失の判定時期は、占有開始時であり、その後悪意に変わってもよい（司研『改訂紛争類型別の要件事実』70頁）。

無過失は、規範的要件であるから、原告は、短期取得時効による目的不動産の所有権取得の要件事実として、無過失の評価根拠事実を主張立証することになる（司研『改訂紛争類型別の要件事実』70頁）。

第4　時効取得による所有権に基づく妨害排除請求としての所有権移転登記手続請求における抗弁等

時効取得による所有権に基づく妨害排除請求としての所有権移転登記手続請求における抗弁等として、以下のものがある。

1　原告に所有の意思がないことの抗弁

(1)　原告に所有の意思がないことの抗弁の要件事実

原告に所有の意思がないことの抗弁の要件事実は、以下のとおりである（最判昭58・3・24民集37巻2号131頁）（司研『改訂紛争類型別の要件事実』70頁・71頁、加藤ほか『要件事実の考え方と実務〔2版〕』114頁）。

① その性質上所有の意思のないものとされる占有取得の権原〔他主占有権原〕

または

② 外形的客観的にみて占有者が他人の所有権を排斥して占有する意思を有していなかったものと解される占有に関する事情を示す具体的事実〔他主占有事情〕

(2)　他主占有事情

他主占有事情としては、真の所有者であれば通常とらない態度を示したこと、所有者であれば当然とるべき行動に出なかったことなどがあげられる（最判昭58・3・24民集37巻2号131頁、最判平7・12・15民集49巻10号3088頁）。

所有の意思があっても相手方との人間関係等から自己への所有権移転登記を求めない場合もあり、登記名義人でなければ固定資産税が課されず、経済的負担を嫌がって納税しない場合もあり、所有権移転登記を求めないことや固定資産税を負担しないことは、いずれも他主占有を肯定するのに決定的な事情とはいえない場合もある（最判平7・12・15民集49巻10号3088頁、最判平8・11・12民集50巻10号2591頁）（岡口『要件事実マニュアル1巻〔3版〕』226

頁・227頁)。

農地の場合、農地法所定の許可がなされていない場合であっても、特段の事情がない限り、代金を支払い農地の引渡しを受けた時に、自主占有を開始したと解してよい（最判昭52・3・3民集31巻2号157頁、最判平13・10・26民集55巻6号1001頁）（岡口『要件事実マニュアル1巻〔3版〕』226頁)。

2 強暴（暴行または強迫）または隠秘（隠匿）の抗弁

強暴（暴行または強迫）または隠秘（隠匿）によって始まった占有も、それらの事情がやんだときからは、平穏・公然の占有となり、時効が進行する（遠藤『民法注解財産法1巻』750頁、岡口『要件事実マニュアル1巻〔3版〕』227頁)。

3 占有喪失の抗弁

原告が取得時効期間内に占有を喪失したことが、民法186条2項による占有継続の法律上の推定を覆すものとなる（遠藤『民法注解財産法2巻』321頁、岡口『要件事実マニュアル1巻〔3版〕』228頁)。

4 対抗要件具備による所有権喪失の抗弁等

(1) 時効取得者と時効完成後の第三者

時効取得者と時効完成後の第三者は対抗関係に立つ（大連判大14・7・8民集4巻412頁等)。したがって、A所有の不動産について原告の時効取得が完成し、被告が時効完成後にAから当該不動産の所有権を取得したような場合、原告と被告は対抗関係に立つ（司研『改訂紛争類型別の要件事実』83頁、岡口『要件事実マニュアル1巻〔3版〕』230頁1)。

(2) 対抗要件具備による所有権喪失の抗弁の要件事実

対抗要件具備による所有権喪失の抗弁の要件事実は、以下のとおりである（岡口『要件事実マニュアル1巻〔3版〕』231頁2)。

① 時効完成時にAが目的不動産を所有していたこと
② 被告がAから目的不動産を買ったこと
③ ②が時効完成後であること

④ Ａが被告に対し目的不動産の所有権移転登記をしたこと

(3) 背信的悪意者の再抗弁

ア 背信的悪意者の再抗弁の要件事実

対抗要件具備による所有権喪失の抗弁に対する背信的悪意者の再抗弁の要件事実は、以下のとおりである（岡口『要件事実マニュアル1巻〔3版〕』231頁3）。

① 被告がＡから目的不動産を譲り受けたとき原告の多年にわたる占有継続の事実を認識していた
② 被告が原告との関係で背信性を有すること

イ 悪意の内容

この場合の悪意の内容として、取得時効の成立要件のすべてを充足していることを認識している必要はないが、占有が多年にわたり継続している事実を認識している必要はある（最判平18・1・17民集60巻1号27頁）（岡口『要件事実マニュアル1巻〔3版〕』232頁）。

5 短期取得時効の主張に対する抗弁

(1) 悪意の抗弁

ア 悪意の抗弁の要件事実

短期取得時効の主張に対する悪意の抗弁の要件事実は、以下のとおりとなる（加藤ほか『要件事実の考え方と実務〔2版〕』114頁、岡口『要件事実マニュアル1巻〔3版〕』227頁）。

① 原告が占有開始時に目的不動産が自己の所有に属すると信じていなかったこと

イ 民法186条1項の善意の意味

民法186条1項で推定される「善意」とは、自己に所有権があると信じていることをいい（大判大8・10・13民録25輯1863頁）、悪意はその反対事実となる。また、占有の途中から悪意となっても、取得時効の妨げとならない（大判明44・4・7民録17輯187頁）（岡口『要件事実マニュアル1巻〔3版〕』227

頁)。

(2) 無過失の評価障害事実の抗弁

被告は、短期取得時効の主張に対する抗弁として、無過失の評価障害事実を主張立証することができる(加藤ほか『要件事実の考え方と実務〔2版〕』114頁)。

Ⅵ 所有権に基づく妨害排除請求としての抵当権設定登記抹消登記手続請求訴訟

第1 所有権に基づく妨害排除請求としての抵当権設定登記抹消登記手続請求の請求の趣旨・請求認容判決主文

　所有権に基づく妨害排除請求権としての抵当権設定登記抹消登記手続請求の請求の趣旨・請求認容判決主文は、以下のとおりとなる。

〈記載例17〉　所有権に基づく妨害排除請求としての抵当権設定登記抹消登記手続請求の請求の趣旨・請求認容判決主文記載例

> 被告は，（原告に対し，）別紙物件目録記載の不動産について，○○地方法務局平成○年○月○日受付第……号の抵当権設定登記の抹消登記手続をせよ。

　「原告に対し，」と記載する例もある（塚原『事例と解説民事裁判の主文』143頁・146頁・147頁）が、実務では記載していない（司研『10訂民事判決起案の手引』14頁・98頁、加藤ほか『要件事実の考え方と実務〔2版〕』123頁）。

第2 所有権に基づく妨害排除請求としての抵当権設定登記抹消登記手続請求の請求原因

　所有権に基づく妨害排除請求としての抵当権設定登記抹消登記手続請求の請求原因は、以下のとおりである（司研『10訂民事判決起案の手引』事実摘示記載例15頁18、司研『改訂紛争類型別の要件事実』72頁、加藤ほか『要件事実の考え方と実務〔2版〕』133頁、岡口『要件事実マニュアル1巻〔3版〕』388頁2）。

① 原告が当該不動産を所有していること
② 当該不動産に被告名義の抵当権設定登記があること

〈記載例18〉 所有権に基づく妨害排除請求としての抵当権設定登記抹消登記手続請求の請求原因記載例

---
1 原告は，別紙物件目録記載の不動産（以下「本件不動産」という。）を所有している。
2 本件不動産について，○○地方法務局○○支局平成○年○月○日受付第……号抵当権設定登記（以下「本件抵当権設定登記」という。）がある。
3 よって，原告は，被告に対し，所有権に基づき，本件抵当権設定登記の抹消登記手続を求める。

第3 所有権に基づく妨害排除請求としての抵当権設定登記抹消登記手続請求の抗弁等

1 登記保持権原の抗弁等

(1) 登記保持権原の抗弁

所有権に基づく妨害排除請求としての抵当権設定登記抹消登記手続請求における、登記保持権原の抗弁の要件事実は、以下のとおりである（司研『10訂民事判決起案の手引』事実摘示記載例31頁26、司研『改訂紛争類型別の要件事実』72頁・73頁・74頁、加藤ほか『要件事実の考え方と実務〔2版〕』135頁、岡口『要件事実マニュアル1巻〔3版〕』388頁3、村田ほか『要件事実論30講〔3版〕』328頁7）。

ア 原告・被告間の被担保債権の発生原因事実
イ 原告・被告間でアの債権を担保するため目的不動産につき抵当権設定契約を締結したこと
ウ イのときイの目的不動産が原告（設定者）の所有に属したこと

抵当権設定契約は、直接物権の発生を目的とする物権契約であるから、イに加え、ウの要件が必要となる（司研『改訂紛争類型別の要件事実』74頁、加藤ほか『要件事実の考え方と実務〔2版〕』135頁）。

　　エ　請求原因記載の登記がイに基づくこと

　(2)　登記の推定力

学説は、登記に、権利の所在自体または登記記録上に登記原因と記録された権利取得原因事実を事実上推定する効力を認める見解が多く、判例も事実上の推定の効力のみを認める見解に立っている（最判昭34・1・8民集13巻1号1頁、最判昭38・10・15民集17巻11号1497頁、最判昭46・6・29判時635号110頁）（司研『改訂紛争類型別の要件事実』73頁、村田ほか『要件事実論30講〔3版〕』328頁、大島『民事裁判実務の基礎〔2版〕(上)』318頁・319頁）。

したがって、登記の推定力が、上記登記保持権原の主張立証責任には影響を及ぼさない（司研『改訂紛争類型別の要件事実』73頁、大島『民事裁判実務の基礎〔2版〕(上)』319頁）。

　(3)　登記保持権原の抗弁に対する再抗弁

　　ア　抵当権消滅の再抗弁

抵当権設定契約の合意解除等の抵当権の消滅原因事実を主張する（司研『10訂民事判決起案の手引』事実摘示記載例37頁16、岡口『要件事実マニュアル1巻〔3版〕』390頁4）。

　　イ　被担保債権の弁済・消滅時効等の再抗弁（司研『改訂紛争類型別の要件事実』76頁）

そのほか、被担保債権の弁済・消滅時効等の再抗弁がある。

第4　抵当権が譲渡された場合の被告

原告所有の不動産にＡのために設定された抵当権がＹに譲渡され、Ｙに対する権利移転の付記登記がされている場合、判例（最判昭44・4・22民集23巻4号815頁）は、Ｙのみを被告とすれば足り、Ａを被告とすることを要

しないとし、登記実務も、原告を登記権利者、Yを登記義務者とする共同申請により、抵当権設定登記および付記登記の双方の抹消を認めている（加藤ほか『要件事実の考え方と実務〔2版〕』134頁、岡口『要件事実マニュアル1巻〔3版〕』391頁6、幸良『改訂判決による登記』290頁2）。

Ⅶ 所有権に基づく妨害排除請求としての所有権移転登記および抵当権設定登記の抹消登記手続等の請求訴訟

第1 所有権に基づく妨害排除請求としての所有権移転登記および抵当権設定登記の抹消登記手続請求の方法

　所有権に基づいて、他人名義の所有権移転登記（被告 Y_1 名義）とそれに基づく抵当権設定登記（被告 Y_2 名義）の抹消を求める場合、以下の方法がある。
① 所有権移転登記および抵当権設定登記の抹消登記手続請求
　ⓐ 被告 Y_1 名義の所有権移転登記の抹消登記手続請求
　ⓑ 被告 Y_2 名義の抵当権設定登記の抹消登記手続請求
② 所有権移転登記の抹消登記手続請求および抵当権者に対する承諾請求
　ⓐ 被告 Y_1 名義の所有権移転登記の抹消登記手続請求
　ⓑ 被告 Y_2 に対する承諾請求

　①の方法によると、①ⓐおよび①ⓑの認容判決を得られた場合、まず、①ⓑの認容判決に基づいて被告 Y_2 名義の抵当権設定登記の抹消登記手続を申請し、その手続が完了した後に①ⓐの認容判決に基づいて被告 Y_2 名義の所有権移転登記の抹消登記手続を申請することになる。

　これは、被告 Y_1 名義の所有権移転登記の抹消登記手続を申請するには、「登記上利害関係を有する第三者」である被告 Y_2 の承諾を得る必要があるところ（不登68条）、被告 Y_2 名義の抵当権設定登記抹消登記手続の認容判決だけでは不動産登記法68条の第三者の承諾を得たことにはならないとされているから（司研『改訂紛争類型別の要件事実』78頁）、原告としては、被告 Y_1

名義の所有権移転登記の抹消登記手続を申請する前に、被告 Y_2 名義の抵当権設定登記を抹消することによって、被告 Y_2 名義の「登記上の利害関係を有する第三者」としての地位を奪っておく必要があるからである。

また、被告 Y_2 名義の抵当権設定登記の抹消登記手続を申請することができるのは、抵当権設定者である被告 Y_1 および抵当権者である被告 Y_2 のみであるから、原告が被告 Y_2 名義の抵当権設定登記の抹消登記手続を申請するためには、被告 Y_1 に代位して被告 Y_2 名義の抵当権設定登記の抹消登記手続を申請するという方法（不登59条7号）をとらなければならない。

これに対し、②の方法によると、②ⓐの認容判決に基づいて被告 Y_1 名義の所有権移転登記抹消登記手続申請の際に、②ⓑの認容判決を提出することによって、「登記上利害関係を有する第三者」である被告 Y_2 の承諾を得た（不登68条）として、被告 Y_1 名義の所有権移転登記の抹消登記手続という一度の手続をもって、被告 Y_1 名義の所有権移転登記および被告 Y_2 名義の抵当権設定登記の抹消登記手続を実現することができる。

したがって、通常は、②の形態の訴訟がとられることが多い（司研『改訂紛争類型別の要件事実』78頁）。

第2 所有権に基づく妨害排除請求としての所有権移転登記抹消登記手続およびその承諾

1 所有権に基づく妨害排除請求としての所有権移転登記抹消登記手続およびその承諾請求の請求の趣旨・請求認容判決の主文

所有権移転登記抹消登記手続およびその承諾請求の請求の趣旨・請求認容判決の主文は、以下のとおりとなる（大島『民事裁判実務の基礎〔2版〕(上)』345頁、加藤ほか『要件事実の考え方と実務〔2版〕』139頁、幸良『改訂判決による登記』271頁）。

〈記載例19〉 所有権に基づく妨害排除請求としての所有権移転登記抹消登記手続およびその承諾請求の請求の趣旨・請求認容判決の主文記載例

> 被告 Y_1 は、（原告に対し），別紙物件目録記載の不動産につき，○○地方法務局平成○年○月○日受付第……号をもってなされた所有権移転登記の抹消登記手続をせよ。
>
> 被告 Y_2 は，原告に対し，前項の抹消登記手続を承諾せよ。

2 所有権に基づく妨害排除請求としての所有権移転登記抹消登記手続およびその承諾の請求原因

所有権に基づく妨害排除請求としての所有権移転登記抹消登記手続およびその承諾の請求原因の要件事実は、以下のとおりである（司研『改訂紛争類型別の要件事実』79頁、司研『10訂民事判決起案の手引』事実摘示記載例16頁19、加藤ほか『要件事実の考え方と実務〔2版〕』139頁・140頁、大島『民事裁判実務の基礎〔2版〕(上)』347頁3）。

① 原告が、被告 Y_1 への所有権移転登記当時、当該不動産を所有していたこと
② ①の不動産に被告 Y_1 名義の所有権移転登記があること
③ ①の不動産に被告 Y_2 名義の抵当権設定登記があること
④ ③の抵当権設定登記当時、被告 Y_1 が①の不動産の所有名義人であったこと

④は、③の抵当権設定登記の権利者である被告 Y_2 が、被告 Y_1 名義の所有権移転登記の抹消について登記上利害関係を有する第三者であることを摘示するものである（大島『民事裁判実務の基礎〔2版〕(上)』347頁）。

〈記載例20〉 所有権に基づく妨害排除請求としての所有権移転登記抹消登記手続およびその承諾の請求原因記載例

> 1 原告は、平成○年2月1日当時、別紙物件目録記載の不動産（以下「本件不動産」という。）を所有していた。

2　本件不動産について，別紙登記目録1記載の所有権移転登記及び同目録2記載の抵当権設定登記がある。
 3　平成○年3月1日当時，被告Y_1が本件不動産の所有名義人であった。
 4　よって，原告は，所有権に基づき，本件不動産につき，被告Y_1に対し上記2の所有権移転登記の抹消登記手続を求めるとともに，被告Y_2に対し同抹消登記手続の承諾を求める。

（登記目録）
1　○○地方法務局平成○年2月1日受付第○○○○○号所有権移転登記，所有者Y_1
2　○○地方法務局平成○年3月1日受付第○○○○○号抵当権設定登記，抵当権者Y_2

3　所有権に基づく妨害排除請求としての所有権移転登記抹消登記手続およびその承諾の抗弁等

(1)　抗弁以下の攻撃防御の構造の所有権に基づく不動産明渡請求訴訟との同一性

　所有権に基づく妨害排除請求としての所有権移転登記抹消登記手続およびその承諾の抗弁等以下の攻撃防御の構造は、所有権に基づく不動産明渡請求訴訟とほぼ同様であり（司研『改訂紛争類型別の要件事実』79頁）、以下のものがある。

(2)　所有権喪失の抗弁等

ア　所有権喪失の抗弁

　被告側としては、たとえば、原告が被告Y_1との間で不動産について売買契約を締結したことを、抗弁として主張立証することができる（司研『改訂紛争類型別の要件事実』79頁）。

イ　所有権喪失の抗弁に対する虚偽表示の再抗弁

　上記アの所有権喪失の抗弁に対して、原告は、再抗弁として、その売買が虚偽表示（民94条）であることを主張立証することができる（司研『改訂紛争

類型別の要件事実』79頁)。

ウ アの所有権喪失の抗弁およびイの虚偽表示の再抗弁を前提とする登記保持権原の予備的抗弁

(ア) アの所有権喪失の抗弁およびイの虚偽表示の再抗弁を前提とする善意の第三者の主張の位置づけ

上記イの虚偽表示(民94条)の主張に対し、被告 Y_2 は、上記アの所有権喪失の抗弁および上記イの虚偽表示(民94条)の再抗弁を前提として、自らが善意の第三者であることを主張立証することができる(司研『改訂紛争類型別の要件事実』79頁)。

この善意の第三者被告 Y_2 による権利取得の法的構成については、被告 Y_1 の地位が真正権利者のように扱われるのは、被告 Y_2 の有効な権利取得という結論についての一種の擬制であり、民法94条2項による権利変動の実体的過程は、原告から被告 Y_2 への同条項による法定の承継取得であるとする法定承継取得説があり、判例(最判昭42・10・31民集21巻8号2232頁)はこれを前提としていると思われる(司研『改訂紛争類型別の要件事実』80頁、大島『民事裁判実務の基礎〔2版〕(上)』350頁)。

(イ) 登記保持権原の予備的抗弁

上記(ア)の法定承継取得説によれば、被告 Y_2 は、上記アの所有権喪失の抗弁および上記イの虚偽表示(民94条)の再抗弁を前提として、登記保持権原の予備的抗弁として、以下の点を主張立証することができる(司研『改訂紛争類型別の要件事実』80頁・81頁、大島『民事裁判実務の基礎〔2版〕(上)』351頁(ウ))。

　　a 被告 Y_1・被告 Y_2 間の被担保債権の発生原因事実
　　b 被告 Y_1 が被告 Y_2 との間でaの債権を担保するためその不動産につき抵当権設定契約を締結した
　　c 被告 Y_2 がbの際、原告・被告 Y_1 間の売買契約が虚偽表示であることを知らなかったこと

d　登記がbの抵当権設定契約に基づくこと
　cについて、第三者被告 Y_2 が善意についての主張立証責任を負う（最判昭35・2・2民集14巻1号36頁、最判昭41・12・22民集20巻10号2168頁）（司研『改訂紛争類型別の要件事実』81頁）。

VIII 中間省略登記手続請求訴訟

第1 中間省略登記

1 中間省略登記請求権

　判例通説は、目的不動産がY→A→Xと移転した場合のYから直接Xへの中間省略登記について、登記名義人（Y）および中間者（A）の同意がある場合に限り、肯定している（最判昭40・9・21民集19巻6号1560頁、最判昭43・1・30民集22巻1号44頁）（加藤ほか『要件事実の考え方と実務〔2版〕』115頁）。

2 中間省略の真正な登記名義回復を原因とする所有権移転登記手続請求

　不動産の所有者が、元の所有者から中間者に、次いで中間者から現在の所有者に、順次移転したにもかかわらず、登記名義がなお元の所有者の元に残っている場合において、現在の所有者が元の所有者に対し、元の所有者から現在の所有者に対する真正な登記名義の回復を原因とする所有権移転登記手続を請求することは、物権変動の過程を忠実に登記記録に反映させようとする不動産登記法の原則に照らし、許されない（最判平22・12・16民集64巻8号2050頁）（幸良『改訂判決による登記』211頁【設問62】）。

第2 中間省略登記手続請求訴訟の請求の趣旨・請求認容判決主文

　中間省略登記手続請求訴訟の請求の趣旨・請求認容判決主文は、以下のとおりとなる（加藤ほか『要件事実の考え方と実務〔2版〕』116頁）。

〈記載例21〉　中間省略登記手続請求訴訟の請求の趣旨・請求認容判決主文記載例

　被告は，原告に対し，別紙物件目録記載の不動産について，平成〇年〇月〇

日売買を原因とする所有権移転登記手続をせよ。

目的不動産が、Y→A→Xと移転した場合、最後の登記原因であるAX間の売買の日付を記載する（加藤ほか『要件事実の考え方と実務〔2版〕』116頁）。

第3 債権的登記請求権を訴訟物とする中間省略登記手続請求訴訟

1 債権的登記請求権を訴訟物とする中間省略登記手続請求訴訟における請求原因

目的不動産がY→A→Xと移転した場合に、登記名義人（Y）および中間者（A）の同意があることにより、不動産の所有者（X）が有する債権的登記請求権（第1・1（112頁）参照）を訴訟物とする中間省略登記手続請求訴訟における請求原因は、以下のとおりである（加藤ほか『要件事実の考え方と実務〔2版〕』116頁(1)、岡口『要件事実マニュアル1巻〔3版〕』382頁Ⅲ）。

(1) 被告YはAに目的不動産を売り渡し、原告Xはこれを買い受けたこと

(2) 被告YおよびAの合意・同意

① 原告Xは、被告YおよびAとの間で、目的不動産の所有名義を被告Yから原告Xに直接移転する旨の合意をしたこと

または、

② 原告Xは、被告Yとの間で、目的不動産の所有名義を被告Yから原告Xに直接移転する旨の合意をし、Aはこれに同意したこと

〈記載例22〉 債権的登記請求権を訴訟物とする中間省略登記手続請求訴訟における請求原因記載例

1 Aは、被告Yから、平成○年2月1日、別紙物件目録記載の不動産（以下「本件不動産」という。）を代金○○○○万円で買い受け、原告XはAから、平成○年10月1日、本件不動産を代金○△○○万円で買い受けた。

113

2 被告Y、A及び原告Xは、平成〇年11月1日、本件不動産について被告Yから直接原告Xに所有権移転登記をする旨合意した。
3 よって、原告Xは被告Yに対し、合意による所有権移転登記請求権に基づき、本件不動産につき平成〇年10月1日付売買を原因とする所有権移転登記手続をすることを求める。

※ 加藤ほか『要件事実の考え方と実務〔2版〕』117頁

2 債権的登記請求権を訴訟物とする中間省略登記手続請求訴訟における抗弁

(1) 合意ないし同意についての瑕疵の抗弁

被告Yは、請求原因である被告Y・A間、A・原告X間の各売買契約または中間省略登記の合意ないし同意についての瑕疵を主張することができる（加藤ほか『要件事実の考え方と実務〔2版〕』117頁）。

(2) 債務不履行（代金不払）解除の抗弁

また、被告Yは、Aから代金の支払いを受けていない場合は、催告のうえ、債務不履行を理由とする解除を主張することができる（加藤ほか『要件事実の考え方と実務〔2版〕』117頁）。

第4 物権的登記請求権を訴訟物とする所有権移転登記手続請求訴訟の場合

1 原告所有について権利自白が成立する場合

(1) 請求原因

原告Xの所有権に基づく登記名義人である被告Yに対する所有権移転登記請求で、原告X所有について権利自白が成立する場合の請求原因は、以下のとおりである（加藤ほか『要件事実の考え方と実務〔2版〕』117頁・118頁）。

ア 原告Xの目的不動産所有
イ 目的不動産に対する被告Y名義の所有権移転登記の存在

(2) 中間者存在の抗弁

　原告Xの所有権に基づく登記名義人である被告Yに対する登記請求において、中間者A存在が抗弁となり、その要件事実は、以下のとおりである（加藤ほか『要件事実の考え方と実務〔2版〕』118頁）。

　ア　被告Yは所有する目的不動産をAに売却し、原告XはAから目的不動産を買い受けたこと

(3) 中間省略登記への同意の再抗弁

　原告Xの所有権に基づく登記名義人である被告Yに対する登記請求における、中間者A存在の抗弁に対しては、中間省略登記への登記名義人である被告Yおよび中間者Aの同意が再抗弁となり、その要件事実は、以下のとおりである（加藤ほか『要件事実の考え方と実務〔2版〕』118頁）。

　ア　被告YおよびAは、原告Xに対し、目的不動産の所有名義を被告Yから原告Xに直接移転することに同意したこと

2　原告所有について権利自白が成立しない場合

(1) 請求原因

　ア　原告Xの前主Aの所有権について争いがない場合

　原告Xの所有権に基づく登記名義人である被告Yに対する登記請求で、原告Xの前主Aの所有権について争いがない場合の請求原因は、以下のとおりである（加藤ほか『要件事実の考え方と実務〔2版〕』118頁・119頁）。

　　(ｱ)　Aが目的不動産をもと所有していたこと

　　(ｲ)　原告XはAから目的不動産を買い受けたこと

　　(ｳ)　目的不動産に被告Y名義の所有権移転登記が存在すること

　イ　原告Xの前主Aの所有権についても争いがある場合

　原告Xの所有権に基づく登記名義人である被告Yに対する登記請求で、原告Xの前主Aの所有権についても争いがある場合の請求原因は、以下のとおりである（加藤ほか『要件事実の考え方と実務〔2版〕』119頁）。

(イ) 被告Yが目的不動産をもと所有していたこと
(イ) 被告Yは目的不動産をAに売り渡し、原告XはAから目的不動産を買い受けたこと
(ウ) 目的不動産に被告Y名義の所有権移転登記が存在すること
(エ) 被告YおよびAは、原告に対し、目的不動産の所有名義を被告Yから原告Xに直接移転することに同意したこと

 (イ)で中間省略登記の請求であることがあらわれているから、(エ)まで主張しなければ、請求原因は主張自体失当となる（上記第1・1（112頁）参照）（加藤ほか『要件事実の考え方と実務〔2版〕』119頁）。

Ⅸ　登記引取請求訴訟

第1　登記引取請求権の意義

　たとえば、売買により不動産を取得した者Ａが移転登記を受けたが引渡しを受けられないので、売買契約を解除したが、売主Ｂが抹消登記に協力をしてくれず、当該不動産の固定資産税がＡに課されるなどの不利益がある場合、登記を真実に合致させるために、登記義務者であるＡは登記権利者であるＢに対して、登記引取請求訴訟を提起することができる（最判昭36・11・24民集15巻10号2573頁（抹消登記事例）*14）。これは、買主が所有権移転登記に応じないようなときに、登記を実体上の所有関係と一致させるために、売主が買主に対して所有権移転登記手続請求をすることも認められる（東京地判平12・8・31登記情報40巻12号166頁）（幸良「改訂判決による登記」24頁（注１）・34頁３・121頁(5)）。

　なお、旧不動産登記法における判決による単独申請を定めた同法27条が「登記権利者ノミニテ」申請することができると規定していたため、上記の点が問題となっていたが、現行不動産登記法63条１項は、「申請を共同してしなければならない者の一方に登記手続をすべきことを命ずる確定判決による登記は、当該申請を共同してしなければならない者の他方が単独で申請することができる」と規定しており、条文上の障害はなくなった（幸良『改訂判決による登記』35頁・121頁・122頁）。

＊14　最判昭36・11・24民集15巻10号2573頁（「真実の権利関係に合致しない登記があるときは、その登記の当事者の一方は他の当事者に対し、いずれも登記をして真実に合致せしめることを内容とする登記請求権を有するとともに、他の当事者は右登記請求に応じて登記を真実に合致せしめることに協力する義務を負うものというべきである」として、宅地を買い受けて所有権移転登記を経由した買主が、売主において売買契約の条件（期限までの宅地引渡し）を履行しないためこれを解除したことを理由とする、当該移転登記抹消を求めた事例において、当該売主には当該抹消登記に協力する義務があるとした原審の判断を正当とした）。

第2章 不動産登記関係紛争解決のための手続

第2 登記引取請求の請求の趣旨・認容判決主文

　登記引取請求の請求の趣旨・認容判決主文は、以下のとおりとなる（幸良『改訂判決による登記』37頁・123頁）。

　〈記載例23〉　登記引取請求の請求の趣旨・認容判決主文記載例
① 抹消登記引取請求の場合

> 「被告は、原告に対し、別紙物件目録記載の不動産についてされた○○法務局平成○年○月○日受付……号の所有権移転登記の平成○年○月○日解除を原因とする抹消登記手続をせよ。」

② 移転登記引取請求の場合

> 「被告は、原告に対し、別紙物件目録記載の不動産につき、平成○年○月○日売買を原因とする原告から被告への[注]所有権移転登記手続をせよ。」

(注)　移転登記引取請求の場合、意思表示のなされる当事者（「被告は、原告に対し、」の部分）と意思表示の内容（「原告から被告への」の部分）が異なるので、「原告から被告への」との意思表示の内容を明示するのが相当である（永井ユタカ・判タ672号11頁）。

第3 登記引取請求の請求原因

　登記引取請求の請求原因は、以下のとおりとなると思われる。

　〈記載例24〉　登記引取請求の請求原因記載例
① 抹消登記引取請求の場合

> 1　被告は、原告に対し、平成○年○月○日、別紙物件目録記載の不動産（以下「本件不動産」という）を、代金○○○円で売り渡し（以下「本件売買」という。）、原告は、同代金を支払い、本件不動産について○○地方法務局平成○年○月○日受付第……号所有権移転登記（以下「本件所有権移転登記」という。）を得た。

2　被告は，原告に対し，前項の期日から1週間以内に本件不動産を引き渡すことを約束していたが，その期限を過ぎても引渡しをしない。
3　前項のとおり，原告は，被告から本件土地の引渡しを受けることができないため，平成○年△月△日，本件売買契約を解除した。
4　本件売買契約解除後も，被告は，原告に対し，本件売買契約解除を原因とする，本件所有権移転登記の抹消登記手続に応じず，本件売買契約解除後も，原告に対し，本件不動産についての固定資産税等が課されている。
4　よって，原告は，被告に対し，本件不動産について，平成○年△月△日付本件売買契約解除を原因とする本件所有権移転登記の抹消登記手続を求める。

②　移転登記引取請求の場合

1　原告は，被告に対し，平成○年○月○日，別紙物件目録記載の不動産（以下「本件不動産」という。）を，代金○○○円で売り渡した（以下「本件売買」という。）。
2　その後，原告は，被告に対し，本件売買を原因とする本件不動産についての所有権移転登記をすることを求めたが，被告はそれに応じず，現在まで，本件不動産については，原告名義のままである。
3　そのため，原告には，本件売買後も，本件不動産についての固定資産税等が課されている。
4　よって，原告は，被告に対し，本件不動産について，平成○年○月○日の本件売買を原因とする所有権移転登記を求める。

X 農地・採草放牧地関係訴訟

第1 農地・採草放牧地の権利移転・転用の制限

1 農地・採草放牧地の権利移転の制限

　農地・採草放牧地を農地・採草放牧地のまま、所有権の移転、地上権・永小作権・賃借権等の権利の設定・移転をするには、農業委員会の許可を受ける必要がある（農地3条。農地調停による権利の設定・移転（農地3条1項10号）等を除く）。

2 農地・採草放牧地の転用の制限

　農地・採草放牧地を農地・採草放牧地以外のものにするために、所有権の移転、地上権・永小作権・賃借権等の権利の設定・移転をするには、都道府県知事等の許可を受ける必要がある（農地5条）。市街化区域内にある農地・採草放牧地については、農業委員会への届出で足りる（農地5条1項6号）。

3 農地・採草放牧地の時効取得と農地法3条の許可

(1) 農地・採草放牧地の所有権の時効取得と農地法3条の許可

　農地法3条による農業委員会の許可の対象となるのは、農地・採草放牧地につき新たに所有権を移転し、または使用収益を目的とする権利を設定もしくは移転する行為に限られ、時効による所有権の取得は原始取得であって、新たに所有権を移転する行為ではないから、当該許可は必要ない（最判昭50・9・25民集29巻8号1320頁）。そして、時効取得を原因とする農地・採草放牧地の所有権移転登記申請は、農地法3条の許可なしで受け付けることができるとされている（昭38・5・6民甲1285号法務省民事局回答）（幸良『改訂判決による登記』156頁）。

(2) 農地・採草放牧地の賃借権の時効取得と農地法 3 条の許可

農地・採草放牧地の賃借権の時効取得については、農地法 3 条の規定の適用はなく、同条 1 項の許可がない場合であっても、賃借権の時効取得が認められる（最判平16・7・13判時1871号76頁）。

(3) 転用目的での農地・採草放牧地の所有権の時効取得と農地法 5 条の許可

転用目的での農地・採草放牧地の売買について、農地法 5 条の許可がないときでも、所有権の時効取得は認められる（最判平13・10・26民集55巻 6 号1001頁）。

4 農地・採草放牧地の所有権登記の回復と農地法 3 条の許可

農地・採草放牧地の所有権の移転が錯誤等により無効である場合やその所有権の登記名義が虚偽表示による場合に、その所有権移転登記の抹消等により登記名義を真正な名義に回復することは、権利関係の移転にあたらないから、農地法 3 条の許可の対象とはならない（最判昭24・4・26民集 3 巻 5 号153頁）。また、債務不履行による解除の場合も、同様に、農地法 3 条の許可の対象とならない（最判昭38・9・20民集17巻 8 号1006頁）。登記実務上は、農地・採草放牧地の以前の登記名義人への真正な登記名義の回復を原因とする所有権移転登記については、農地法 3 条の許可書の添付は不要とされている（昭40・9・24民事甲28284号法務省民事局長回答）が、農地・採草放牧地の第三者への真正な登記名義の回復を原因とする所有権移転登記については、農地法の趣旨を潜脱する登記を防止するために農地法 3 条の許可書の添付を要するとされている（昭40・12・9 民事甲3435号法務省民事局長通達）（星野『改訂増補〔三版〕和解・調停モデル文例集』265頁注①・③)。

5 農地・採草放牧地の売買後の非農地化と農地法の許可

農地・採草放牧地の売買後に目的物が、買主の責めに帰すべからざる事情により農地・採草放牧地でなくなった場合、農業委員会等の許可なしに売買

契約の効力が生ずる（最判昭42・10・27民集21巻8号2171頁、最判昭44・10・31民集23巻10号1932頁、最判昭52・2・17民集31巻1号29頁、最判昭61・3・17民集40巻2号420頁、平6・1・17民三373号法務省民事局第三課長回答）（幸良『改訂判決による登記』148頁(2)、新井『判決による不動産登記』81頁）。

ただ、農業委員会等の許可を条件として所有権移転登記手続を命ずる判決が確定した後、登記記録上の地目が宅地に変更されていた場合は、当該判決が農地法所定の許可を条件としている以上、執行文の付与があったときに登記義務者の意思表示が擬制され、執行文の付与されていない当該判決に基づいて所有権移転登記をすることはできない（水戸地判昭37・2・1行政事件裁判例集13巻2号213頁・訟月8巻4号630頁、昭48・11・16民三8527号法務省民事局第三課長回答）（幸良『改訂判決による登記』146頁・148頁（注4）・（注5）。反対—青山『新訂民事訴訟と不動産登記一問一答』311頁）

第2　農地・採草放牧地の売買に伴う請求

1　農地・採草放牧地の売買契約に基づく農業委員会等への許可申請手続協力請求

(1)　農地・採草放牧地の売買契約に基づく農業委員会等への許可申請手続協力請求における請求の趣旨および請求認容判決主文

農地・採草放牧地の売買契約に基づく農業委員会等への許可申請手続協力請求における請求の趣旨及び請求認容判決主文は、以下のとおりとなる（岡口『要件事実マニュアル2巻〔3版〕』545頁、永井ユタカ・判タ672号14頁【主文例12】一）。

〈記載例25〉　農地・採草放牧地の売買契約に基づく農業委員会等への許可申請手続協力請求における請求の趣旨および請求認容判決主文記載例

> 被告は，原告に対し，別紙物件目録記載の土地につき，○○県知事に対し，農地法5条による所有権移転許可申請手続をせよ。

(2) 農地・採草放牧地の売買契約に基づく農業委員会等への許可申請手続協力請求における要件事実

ア　農地・採草放牧地の売買契約に基づく農業委員会等への許可申請手続協力請求における請求原因

農地・採草放牧地の売買契約に基づく農業委員会等への許可申請手続協力請求における請求原因の要件事実は、以下のとおりである（司研『増補民事訴訟における要件事実1巻』142頁、岡口『要件事実マニュアル2巻〔3版〕』545頁）。

　(ｱ)　土地の売買契約の成立
　(ｲ)　(ｱ)の目的の土地の現況が農地・採草放牧地であること

イ　農地・採草放牧地の売買契約に基づく農業委員会等への許可申請手続協力請求における抗弁

　(ｱ)　消滅時効の抗弁

農業委員会等への許可申請手続協力請求権は、売買契約に基づく債権的請求権であり、民法167条1項の債権に該当するから、売買契約成立の日から10年で時効消滅する（最判昭50・4・11民集29巻4号417頁、最判昭56・10・1判時1021号103頁）（岡口『要件事実マニュアル2巻〔3版〕』546頁）。

2　農地・採草放牧地の売買契約に基づく農業委員会への届出手続協力請求（市街化区域内の農地・採草放牧地の転用目的売買の場合（農地5条1項6号））

(1) 農地・採草放牧地の売買契約に基づく農業委員会への届出手続協力請求における請求の趣旨および請求認容判決主文

農地・採草放牧地の売買契約に基づく農業委員会への届出手続協力請求における請求の趣旨および請求認容判決主文は、以下のとおりとなる（岡口『要件事実マニュアル2巻〔3版〕』546頁・547頁、永井ユタカ・判タ672号14頁【主文例13】一）。

〈記載例26〉　農地・採草放牧地の売買契約に基づく農業委員会への届出手続協力請求における請求の趣旨および請求認容判決主文記載例

> 被告は，原告に対し，別紙物件目録記載の土地につき，○○農業委員会に対し農地法5条1項6号の届出手続をせよ。

　(2)　農地・採草放牧地の売買契約に基づく農業委員会への届出手続協力請求における要件事実

ア　農地・採草放牧地の売買契約に基づく農業委員会への届出手続協力請求における請求原因

農地・採草放牧地の売買契約に基づく農業委員会への届出手続協力請求における請求原因は，以下のとおりとなる（岡口『要件事実マニュアル2巻〔3版〕』547頁3）。

　(ア)　土地の売買契約の成立
　(イ)　(ア)の目的土地の現況が農地・採草放牧地であること
　(ウ)　(ア)の目的土地が市街化区域内にあること

3　農地・採草放牧地の農業委員会等への許可または農業委員会への届出を条件とする所有権移転登記手続請求

　(1)　農地・採草放牧地の農業委員会等への許可または農業委員会への届出を条件とする所有権移転登記手続請求における請求の趣旨および請求認容判決主文

農地・採草放牧地の農業委員会等への許可または農業委員会への届出を条件とする所有権移転登記手続請求における請求の趣旨および請求認容判決主文は，以下のとおりとなる（青山『新訂民事訴訟と不動産登記一問一答』234頁、幸良『改訂判決による登記』147頁、新井『判決による不動産登記』81頁、永井ユタカ・判タ672号14頁【主文例12】・【主文例13】）。

〈記載例27〉 農地・採草放牧地の農業委員会等への許可または農業委員会への届出を条件とする所有権移転登記手続請求における請求の趣旨および請求認容判決主文記載例

① 農地・採草放牧地の農業委員会等への許可を条件とする所有権移転登記手続請求における請求の趣旨および請求認容判決主文記載例

> 1　被告は，原告に対し，別紙物件目録記載の土地につき，農業委員会〔又は「○○県知事」等〕に対し農地法3条〔又は「5条」〕の規定による所有権移転の許可の申請手続をせよ。
> 2　被告は，原告に対し，前項の許可があったときは，前項の土地につき，同項の許可の日の売買を原因とする所有権移転登記手続をせよ。

② 農地・採草放牧地の農業委員会への届出を条件とする所有権移転登記手続請求における請求の趣旨および請求認容判決主文記載例

> 1　被告は，原告に対し，別紙物件目録記載の土地につき，○○農業委員会に対し農地法5条1項6号の規定による届出手続をせよ。
> 2　被告は，原告に対し，前項の土地につき，同項の届出の日の売買を原因とする所有権移転登記手続をせよ。

(2) 農地・採草放牧地の農業委員会等への許可または農業委員会への届出を条件とする所有権移転登記手続請求における請求原因

　農地・採草放牧地の農業委員会等への許可または農業委員会への届出を条件とする所有権移転登記手続請求における請求原因は、通常の売買契約に基づく所有権移転登記請求の場合と同様であり（本章本節Ⅱ第1・3（71頁）参照）、農業委員会等への許可または農業委員会への届出の協力請求とともに請求するときは、同許可または届出の協力請求における請求原因と同様になる（上記1(2)ア（123頁）・2(2)ア（124頁）参照）。

― 条文索引 ―

【か行】

会社法
　10条　*61*
　11条1項　*61*

【さ行】

司法書士法
　3条1項6号イ　*60*
　3条2項　*60*
商法
　20条　*61*
　21条1項　*61*

【た行】

宅地建物取引業法
　64条の5第1項　*28*
　64条の5第2項　*28*
　64条の5第3項　*28*
　64条の5第4項　*28*
建物の区分所有等に関する法律
　22条1項　*11*

【な行】

農地法
　3条　*120*
　5条　*120*
　5条1項6号　*120*

【は行】

不動産登記法
　2条3号　*7*
　2条5号　*3*
　2条7号　*4,7*
　2条8号　*4*
　2条12号　*12*
　2条13号　*12*
　2条15号　*5*
　2条16号　*5,24*
　2条20号　*7*
　4条1項　*5*
　4条2項　*4,25*
　4条2項かっこ書　*4*
　12条　*4*
　27条3号　*7*
　28条　*8*
　31条　*7*
　32条　*7*
　33条1項　*8*
　33条2項　*8*
　33条3項　*8*
　33条4項　*8*
　34条1項　*4*
　36条　*9*
　37条1項　*9*
　39条1項　*8*
　44条1項　*4*
　44条1項9号　*11*

46条　*11*
47条1項　*9*
54条1項　*9*
57条　*9*
60条　*12*
63条1項　*14, 16*
66条　*25*
68条　*26*
70条1項　*26*
70条2項　*26*
70条3項前段　*26*
70条3項後段　*26*
73条　*11*
74条1項　*23*
74条1項1号　*7*
77条　*24*
105条1号　*20*
105条2号　*20*
106条　*20*
108条　*41*
108条1項　*21*
108条2項　*21*
108条3項　*21*
108条4項　*21*
108条5項　*21*
109条1項　*22, 43*
109条2項　*22, 43*
110条前段　*22*
110条後段　*22*
111条1項　*42*
112条　*47*
164条　*10*

【ま行】

民事執行法
　22条1号　*17*
　22条2号　*18*
　22条4号　*18*
　22条5号　*18*
　22条6号　*17*
　22条6号の2　*17*
　22条7号　*17*
　174条1項本文　*15, 16*
　174条1項ただし書　*16*
民事訴訟費用等に関する法律
　5条1項　*51*
民事訴訟法
　4条1項　*56*
　4条2項　*56*
　4条4項　*57*
　5条1号　*57*
　5条12号　*57*
　7条　*57*
　8条1項　*53*
　9条1項本文　*55*
　9条1項ただし書　*56*
　9条2項　*56*
　11条1項　*58*
　11条2項　*58*
　11条3項　*58*
　12条　*59*
　17条　*60*
　19条2項　*60*
　54条1項ただし書　*62*
　133条1項　*63*

127

271条　*63*
民事調停法
　1条　*48*
　　3条1項前段　*51*
　　3条1項後段　*51*
　16条　*51*
　19条　*51*
民事保全法
　52条2項　*19*
　53条　*39, 43*
　53条1項　*39*
　53条2項　*44*
　58条3項　*47*
　59条1項　*42*
　59条2項　*43*
　60条　*46*
民法
　186条1項　*84, 85*
　186条2項　*84, 85*
　414条2項ただし書　*15, 16*
　484条　*57*
　501条1号　*27*

― 事項索引 ―

【あ行】

意思表示が債権者の証明すべき事実の
　到来に係る場合　*16*
意思表示が債務者の証明すべき事実の
　ないときに係る場合　*16*
意思表示が反対給付と引換えの場合
　16
意思表示擬制の対象となる債務名義
　16
意思表示の擬制　*1, 14*
１号仮登記　*20*
一般の公示催告手続　*26*
訴えの主観的併合　*57*
訴えの提起　*63*
訴えを提起する裁判所の場所　*56*
訴えを提起する第一審裁判所　*53*
売主が死亡した場合の所有権移転登記
　手続請求　*77*
応訴管轄　*59*

【か行】

買主が死亡した場合の所有権移転登記
　手続請求　*78*
仮処分による仮登記　*43*
仮登記　*20*
仮登記に基づく所有権以外の権利の本
　登記　*22*
仮登記に基づく所有権の本登記　*21*
仮登記に基づく本登記　*21*

仮登記の効力　*20*
仮登記の順位保全の効力　*20*
仮登記の抹消　*22*
仮登記を命ずる処分　*21, 43*
管轄の合意　*57*
関連裁判籍　*57*
義務履行地管轄裁判所　*57*
共同訴訟　*57*
共有者の妨害排除請求としての移転登
　記抹消登記手続請求　*86*
許可代理人　*62*
区分建物の敷地権　*11*
権利に関する登記　*12*
権利に関する登記の抹消　*26*
権利の更正登記　*24*
権利部　*4*
合意管轄　*57*
公示の原則　*3*
更正登記　*5, 24*

【さ行】

債権的登記請求権を訴訟物とする中間
　省略登記手続請求訴訟　*113*
債権的登記請求権を訴訟物とする中間
　省略登記手続請求訴訟における抗弁
　114
債権的登記請求権を訴訟物とする中間
　省略登記手続請求訴訟における請求
　原因　*113*
採草放牧地関係訴訟　*120*

事項索引

採草放牧地の権利移転の制限　*120*
採草放牧地の時効取得と農地法3条の許可　*120*
採草放牧地の所有権登記の回復と農地法3条の許可　*121*
採草放牧地の所有権の時効取得と農地法3条の許可　*120*
採草放牧地の賃借権の時効取得と農地法3条の許可　*121*
採草放牧地の転用の制限　*120*
採草放牧地の農業委員会等への許可または農業委員会への届出を条件とする所有権移転登記手続請求　*124*
採草放牧地の農業委員会等への許可または農業委員会への届出を条件とする所有権移転登記手続請求における請求原因　*124*
採草放牧地の農業委員会等への許可または農業委員会への届出を条件とする所有権移転登記手続請求における請求認容判決主文　*124*
採草放牧地の農業委員会等への許可または農業委員会への届出を条件とする所有権移転登記手続請求における請求の趣旨　*124*
採草放牧地の売買契約に基づく農業委員会等への許可申請手続協力請求　*122*
採草放牧地の売買契約に基づく農業委員会等への許可申請手続協力請求における抗弁　*123*
採草放牧地の売買契約に基づく農業委員会等への許可申請手続協力請求における請求原因　*123*
採草放牧地の売買契約に基づく農業委員会等への許可申請手続協力請求における請求認容判決主文　*122*
採草放牧地の売買契約に基づく農業委員会等への許可申請手続協力請求における請求の趣旨　*122*
採草放牧地の売買契約に基づく農業委員会への届出手続協力請求　*123*
採草放牧地の売買契約に基づく農業委員会への届出手続協力請求における請求原因　*125*
採草放牧地の売買契約に基づく農業委員会への届出手続協力請求における請求認容判決主文　*123*
採草放牧地の売買契約に基づく農業委員会への届出手続協力請求における請求の趣旨　*123*
採草放牧地の売買後の非農地化と農地法の許可　*121*
時効取得による所有権に基づく妨害排除請求としての所有権移転登記手続請求における抗弁等　*98*
時効取得による所有権に基づく妨害排除請求としての所有権移転登記手続請求における請求原因　*94*
時効取得を原因とする所有権移転登記手続請求訴訟　*93*
時効取得を原因とする所有権移転登記手続請求における請求認容判決主文　*93*
時効取得を原因とする所有権移転登記手続請求における請求の趣旨　*93*

事項索引

時効取得を原因とする所有権移転登記
　手続請求における訴訟物　93
私人による表示の登記の申請　8
支配人　60
事物管轄　53
主登記　4
順次売買における所有権移転登記手続
　請求　80
職権による表示の登記の原則　8
所有権以外の権利に基づく処分禁止の
　仮処分　43
所有権に基づく処分禁止の仮処分　38
所有権に基づく妨害排除請求としての
　所有権移転登記および抵当権設定登
　記の抹消登記手続請求の方法　106
所有権に基づく妨害排除請求としての
　所有権移転登記および抵当権設定登
　記の抹消登記手続等の請求訴訟
　106
所有権に基づく妨害排除請求としての
　所有権移転登記等抹消登記手続請求
　訴訟　81
所有権に基づく妨害排除請求としての
　所有権移転登記抹消登記手続および
　その承諾　107
所有権に基づく妨害排除請求としての
　所有権移転登記抹消登記手続および
　その承諾請求の請求認容判決の主文
　107
所有権に基づく妨害排除請求としての
　所有権移転登記抹消登記手続および
　その承諾請求の請求の趣旨　107
所有権に基づく妨害排除請求としての

所有権移転登記抹消登記手続および
　その承諾の抗弁等　109
所有権に基づく妨害排除請求としての
　所有権移転登記抹消登記手続および
　その承諾の請求原因　108
所有権に基づく妨害排除請求としての
　所有権移転登記抹消登記手続請求の
　抗弁等　83
所有権に基づく妨害排除請求としての
　所有権移転登記抹消登記手続請求の
　請求原因　82
所有権に基づく妨害排除請求としての
　所有権移転登記抹消登記手続請求の
　請求認容判決主文　81
所有権に基づく妨害排除請求としての
　所有権移転登記抹消登記手続請求の
　請求の趣旨　81
所有権に基づく妨害排除請求としての
　抵当権設定登記抹消登記手続請求訴
　訟　102
所有権に基づく妨害排除請求としての
　抵当権設定登記抹消登記手続請求の
　抗弁等　103
所有権に基づく妨害排除請求としての
　抵当権設定登記抹消登記手続請求の
　趣旨　102
所有権に基づく妨害排除請求としての
　抵当権設定登記抹消登記手続請求の
　請求原因　102
所有権に基づく妨害排除請求としての
　抵当権設定登記抹消登記手続請求の
　請求認容判決主文　102
所有権保存登記　23

事項索引

所有権保存登記の申請　23
所有権保存登記のない建物の売買における所有権保存・移転登記手続請求　75
所有権保存登記の抹消登記申請　24
所有権保存登記の抹消登記手続請求　86
真正な登記名義の回復を原因とする抹消に代わる所有権移転登記手続請求権　89
真正な登記名義の回復を原因とする抹消に代わる所有権移転登記手続請求訴訟　89
真正な登記名義の回復を原因とする抹消に代わる所有権移転登記手続請求における請求認容判決主文　90
真正な登記名義の回復を原因とする抹消に代わる所有権移転登記手続請求における請求の趣旨　90
真正な登記名義の回復を原因とする抹消に代わる所有権移転登記手続請求における訴訟物　89
真正な登記名義の回復を原因とする抹消に代わる所有権移転登記手続請求の抗弁以下の攻撃防御方法　91
真正な登記名義の回復を原因とする抹消に代わる所有権移転登記手続請求の請求原因　91
請求の客観的併合　57
専属的管轄合意　58
選択的管轄合意　58
相続登記未了不動産の売買における所有権移転登記手続請求　76

訴額　53
訴訟事件の管轄　53
訴訟事件の申立裁判所　53
訴訟物の価額　53

【た行】

宅地建物取引業保証協会の相談窓口　28
建物の概念　10
建物の合併の登記　9
建物の区分の登記　9
建物の表題登記の申請　9
建物の分割の登記　9
建物の滅失登記の申請　9
地上権に関する登記　27
遅滞を避ける等のための移送　60
中間省略登記請求権　13, 112
中間省略登記手続請求訴訟　112
中間省略登記手続請求訴訟における抗弁　114
中間省略登記手続請求訴訟における請求原因　113
中間省略登記手続請求訴訟の請求認容判決主文　112
中間省略登記手続請求訴訟の請求の趣旨　112
調停調書の効力　51
調停不成立の場合の訴訟の提起　51
転用目的での農地の所有権の時効取得と農地法5条の許可　121
登記共同申請の原則　12
登記記録　3
登記請求権　12

事項索引

登記の順位　5
登記引取請求権　117
登記引取請求訴訟　117
登記引取請求の請求原因　118
登記引取請求の請求の趣旨　118
登記引取請求の請求の認容判決主文　118
土地管轄　56
土地の地目または地積の変更の登記の申請　9
土地の表題登記の申請　9
土地の分筆または合筆の登記　8

【な行】

2号仮登記　20
認定司法書士　62
農地関係訴訟　120
農地の権利移転の制限　120
農地の時効取得と農地法3条の許可　120
農地の所有権登記の回復と農地法3条の許可　121
農地の所有権の時効取得と農地法3条の許可　120
農地の賃借権の時効取得と農地法3条の許可　121
農地の転用の制限　120
農地の農業委員会等への許可または農業委員会への届出を条件とする所有権移転登記手続請求　124
農地の農業委員会等への許可または農業委員会への届出を条件とする所有権移転登記手続請求における請求原因　124
農地の農業委員会等への許可または農業委員会への届出を条件とする所有権移転登記手続請求における請求認容判決主文　124
農地の農業委員会等への許可または農業委員会への届出を条件とする所有権移転登記手続請求における請求の趣旨　124
農地の売買契約に基づく農業委員会等への許可申請手続協力請求　122
農地の売買契約に基づく農業委員会等への許可申請手続協力請求における抗弁　123
農地の売買契約に基づく農業委員会等への許可申請手続協力請求における請求原因　123
農地の売買契約に基づく農業委員会等への許可申請手続協力請求における請求認容判決主文　122
農地の売買契約に基づく農業委員会等への許可申請手続協力請求における請求の趣旨　122
農地の売買契約に基づく農業委員会への届出手続協力請求　123
農地の売買契約に基づく農業委員会への届出手続協力請求における請求原因　125
農地の売買契約に基づく農業委員会への届出手続協力請求における請求の趣旨および請求認容判決主文　123
農地の売買後の非農地化と農地法の許可　121

事項索引

【は行】

排他的管轄合意　58
売買契約に基づく所有権移転登記手続請求訴訟　70
売買契約に基づく所有権移転登記手続請求における抗弁以下の攻撃防御方法　73
売買契約に基づく所有権移転登記手続請求における請求原因　71
売買契約に基づく所有権移転登記手続請求における請求認容判決における主文　70
売買契約に基づく所有権移転登記手続請求における請求の趣旨　70
売買契約に基づく所有権移転登記手続請求における訴訟物　70
判決等による登記　14
表示に関する登記　7
表示の登記の滅失登記手続請求　87
表題登記　7
表題登記のない建物の売買における所有権保存・移転登記手続請求　75
表題登記のみがある建物の売買における所有権保存・移転登記手続請求　75
表題部　4
表題部所有者　7
表題部所有者の更正登記　8
表題部所有者の氏名等の変更・更正登記　7
表題部所有者の変更登記　7
付加的管轄合意　58

付記登記　4
不動産に関する訴訟の必要的移送　60
不動産の一部の売買における所有権移転登記手続請求　79
変更登記　5
法務局の登記電話相談室　34
保全仮登記　43
本登記　20

【ま行】

抹消登記　5
未登記建物の売買における所有権保存・移転登記手続請求　75
民事調停の管轄　51
民事調停の申立て　48

― 判例索引 ―

大判明44・4・7民録17輯187頁 …………………………………………………… *100*
大判大5・2・2民録22輯74頁 ……………………………………………………… *23*
大判大7・8・14民録24輯1650頁 …………………………………………………… *74*
大判大8．10．13民録25輯1863頁 …………………………………………………… *100*
大判大9・10・14民録26輯1495頁 …………………………………………………… *60*
大判大10・5・18民録27輯929頁 …………………………………………………… *58*
大連判大14・7・8民集4巻412頁 …………………………………………………… *99*
大判大15・4・30民集5巻344頁 …………………………………………………… *78*
大判大15・6・23民集5巻536頁 …………………………………………………… *23*
大決昭10・9・27民集14巻1650頁 …………………………………………………… *19*
大判昭16・3・4民集20巻385頁 …………………………………………………… *89*
大判昭16・6・20民集20巻888頁 …………………………………………………… *89*
最判昭24・4・26民集3巻5号153頁 ………………………………………………… *121*
最判昭30・6・24民集9巻7号919頁・判タ50号25頁 ……………………………… *80*
最判昭30・7・5民集9巻9号1002頁・判時56号18頁 ……………………………… *89*
最判昭31・5・10民集10巻5号487頁・判タ60号48頁 …………………………… *79, 86*
最判昭31・6・5民集10巻6号643頁 ………………………………………………… *75*
最判昭32・5・30民集11巻5号843頁・判タ72号56頁 …………………………… *89*
最判昭33・6・20民集12巻10号1585頁 ……………………………………………… *84*
最判昭34・1・8民集13巻1号1頁 …………………………………………………… *104*
最判昭34・2・12民集13巻2号91頁・判時180号35頁 …………………………… *89*
最判昭34・6・25判時192号16頁 …………………………………………………… *74*
最判昭35・2・2民集14巻1号36頁 ………………………………………………… *111*
最判昭35・7・27民集14巻10号1871頁 ……………………………………………… *95*
最判昭36・6・29民集15巻6号1764頁 ……………………………………………… *21*
最判昭36・11・24民集15巻10号2573頁 …………………………………………… *117*
最判昭36・12・15民集15巻11号2865頁 …………………………………………… *78*
最判昭38・2・22民集17巻1号235頁・判時334号37頁・判タ145号53頁 …… *24, 88*
最判昭38・9・20民集17巻8号1006頁・判時354号27頁 ………………………… *121*
最判昭38・10・15民集17巻11号1497頁 …………………………………………… *104*
最判昭40・9・21民集19巻6号1560頁・判時425号30頁 ……………………… *14, 112*
最判昭41・3・18民集20巻3号464頁・判タ190号121頁 ………………………… *86*
最判昭41・6・2判時464号25頁 …………………………………………………… *19*
最判昭41・11・18民集20巻9号1861頁・判時474号16頁・判タ204号107頁 …… *27*

135

判例索引

最判昭41・12・22民集20巻10号2168頁・判時470号40頁······················*111*
最判昭42・7・21民集21巻6号1643頁···*95, 97*
最判昭42・10・27民集21巻8号2171頁・判時501号67頁······················*122*
最判昭42・10・31民集21巻8号2232頁··*110*
最判昭43・1・30民集22巻1号44頁··*14, 112*
最判昭43・12・19集民93号707頁···*97*
最判昭44・4・17民集23巻4号785頁··*78*
最判昭44・4・22民集23巻4号815頁・判時558号48頁·······················*104*
最判昭44・6・24民集23巻7号1109頁···*54*
最判昭44・10・31民集23巻10号1932頁・判時576号48頁·······················*122*
最判昭44・12・18民集23巻12号2467頁··*97*
最判昭46・6・29判時635号110頁···*104*
最判昭46・11・11判時654号52頁··*97*
最判昭47・6・2民集26巻5号957頁・判時673号3頁・判タ282号164頁·········*5*
最判昭48・10・30民集27巻9号1304頁・判時722号59頁・判タ302号147頁·····*27*
最判昭50・4・11民集29巻4号417頁・判時778号61頁························*123*
最判昭50・9・25民集29巻8号1320頁・判時794号66頁························*120*
最判昭52・2・17民集31巻1号29頁・金法836号30頁··························*122*
最判昭52・3・3民集31巻2号157頁・判時848号61頁···························*99*
最判昭54・7・31判時942号39頁・判タ399号125頁・集民127号315頁········*95, 97*
最判昭56・10・1判時1021号103頁・判タ454号83頁···························*123*
最判昭58・3・24民集37巻2号131頁・判時1084号66頁··························*98*
最判昭59・4・24判時1120号38頁・判タ531号141頁····························*88*
最判昭61・3・17民集40巻2号420頁··*122*
最判平6・5・12民集48巻4号1005頁··*87*
最判平7・12・15民集49巻10号3088頁・判時1553号70頁・判タ898号194頁·······*98*
最判平8・11・12民集50巻10号2591頁···*98*
最判平12・1・27判時1702号84頁・判タ1025号114頁・集民196号239頁········*24*
最判平13・10・26民集55巻6号1001頁・判時1768号68頁・判タ1079号173頁
··*99, 121*
最判平15・7・11民集57巻7号787頁・判時1833号114頁·························*86*
最判平16・7・13判時1871号76頁・判タ1162号126頁··························*121*
最判平17・12・15判時1920号35頁・判タ1200号122頁・集民218号1191頁······*25*
最判平18・1・17民集60巻1号27頁・判時1925号3頁・判タ1206号73頁······*100*
最判平22・4・20判時2078号22頁・判タ1323号98頁・集民234号49頁·········*24*
最判平22・12・16民集64巻8号2050頁··*14, 112*

[著者紹介]

　　　園　部　　　厚（そのべ　あつし）

●著者略歴●

昭和61年3月最高裁判所書記官研修所一部修了し、最高裁判所刑事局、東京地方裁判所民事21部主任書記官を歴任し、現在青森簡易裁判所判事

●主な著書および論文●

共著「平成2年度主要民事判例解説」判例タイムズ762号、共著「債権執行の諸問題」判例タイムズ、共著「不動産の競売手続ハンドブック〔改訂版〕」金融財政事情研究会、共著「供託先例判例百選〔第二版〕」別冊ジュリスト158号、「一般民事事件論点整理ノート（紛争類型編）」、「同（民事訴訟手続編）」新日本法規、「一般民事事件裁判例論点整理ノート」新日本法規、「簡裁民事訴訟手続の実務と書式」新日本法規、「和解手続・条項論点整理ノート」新日本法規、「書式　意思表示の公示送達・公示催告・証拠保全の実務〔第六版〕」民事法研究会、「書式　支払督促の実務〔全訂八版〕」民事法研究会、「書式　借地非訟の実務〔全訂四版〕」民事法研究会、「書式　代替執行・間接強制・意思表示擬制の実務〔第五版〕」民事法研究会、「書式　不動産執行の実務〔全訂九版〕」民事法研究会、「書式　債権・その他財産権・動産等執行の実務〔全訂13版〕」民事法研究会、「わかりやすい物損交通事故紛争解決の手引〔第2版〕」民事法研究会、「わかりやすい敷金等返還紛争解決の手引〔第2版〕」民事法研究会、「わかりやすい労働紛争解決の手引〔第2版〕」、「わかりやすい貸金・保証関係紛争解決の手引」民事法研究会など

【わかりやすい紛争解決シリーズ⑥】
わかりやすい不動産登記関係紛争解決の手引

平成25年8月29日　第1刷発行

　　　　　　　　　　　　　　　　定価　本体1,600円（税別）

著　　者　園部　厚
発　　行　株式会社　民事法研究会
印　　刷　シナノ印刷株式会社

発行所　株式会社　民事法研究会
　　　〒150-0013　東京都渋谷区恵比寿3-7-16
　　　　　　　［営業］TEL 03(5798)7257　FAX 03(5798)7258
　　　　　　　［編集］TEL 03(5798)7277　FAX 03(5798)7278
　　　　　　　http://www.minjiho.com/　info@minjiho.com

落丁・乱丁はおとりかえします。　　ISBN978-4-89628-888-9　C3332　¥1600E
カバーデザイン／袴田峯男

▶最新の法令・判例・実務に対応させ改訂増補！

わかりやすい 〔第2版〕
労働紛争解決の手引

園部　厚著

A5判・259頁・定価 2,310円（税込、本体2,200円）

───── 本書の特色と狙い ─────

▶第2版では、平成20年の労基法改正、平成21年の育介休法改正などの最新法令、「雇用機会均等法による紛争処理制度」「労働者派遣事業法による紛争処理制度」などの最新の実務や判例を収録して大幅改訂増補！

▶解雇・雇止め、懲戒処分、未払賃金等の個別の労働関係民事紛争について、労働法上の基本原則から、紛争調整委員会によるあっせんなどの手続、通常訴訟や少額訴訟などの裁判手続まで、簡潔ながらも具体的かつわかりやすくまとめたハンドブック！

▶裁判手続による解決については、要件事実を詳説しつつ書式を豊富に織り込み、判例や先例も収録しているので、弁護士、司法書士、社会保険労務士などの専門家にとっても実務上極めて至便であり、本書を媒介としてさらに詳細な検討・研究が可能！

▶労働にかかわるトラブルについて、どこに相談すべきか、どのような手続をとればよいのかが的確にわかる、すべての働く方々にとっての羅針盤となる必携書！

━━━━━ 本書の主要内容 ━━━━━

第1部　解決の手引
　序　章
　第1章　労働者について
　第2章　賃金について
　第3章　休憩、休日、年次有給休暇および労働者の保護・支援
　第4章　懲戒処分
　第5章　労働契約の終了
　　第1節　解雇以外の労働契約終了事由
　　第2節　解　雇

　第6章　労働紛争解決のための手続
　　第1節　労働問題の相談窓口
　　第2節　労働審判
　　第3節　民事調停
　　第4節　裁判手続

第2部　資料編
　Ⅰ　総合労働相談コーナー
　Ⅱ　手数料額早見表

発行　民事法研究会

〒150-0013　東京都渋谷区恵比寿 3-7-16
（営業）TEL.03-5798-7257　FAX.03-5798-7258
http://www.minjiho.com/　　info@minjiho.com